세계사
읽는
과일로

25가지 과일 속에 감춰진
비밀스런 역사

세계사

읽는

과일로

윤덕노 지음

◆← *History through fruits* ←◆

apple
History through fruits

cherry
History through fruits

lemon
History through fruits

grape
History through fruits

blueberry
History through fruits

mango
History through fruits

pineapple
History through fruits

pomegranate
History through fruits

strawberry
History through fruits

plum
History through fruits

peach
History through fruits

orange
History through fruits

타인의사유

머리말

짧지 않은 시간 동안 음식에 담긴 역사와 문화, 유래 등을 연구하고 글을 쓰면서, 언젠가는 음식과는 별도로 과일만을 주제로 삼아 책 한 권을 쓰고 싶다고 생각해왔었다. 계기는 확실치 않지만, 아마 과일의 역사와 관련 스토리를 조사하면서 느꼈던 의외성 때문이 아니었을까 싶다. 알고 보니 그것은 단순히 맛있는 열매를 넘어서, 우리의 상식을 뒤집는 꽤 많은 의미와 상징을 품고 있었던 것이다.

이를테면 코코넛이 그렇다. 우리에게 코코넛은 태양이 작열하는 남국의 휴양지에 가야 맛볼 수 있는 환상의 열매였고, 최근에야 마트에서 구입 가능한 수입 과일이었다. 현대를 사는 한국인 대부분이 그렇게 생각한다. 하지만 알고 보니 500년 전의 조선 양반들도 코코넛, 즉 야자를 먹었다. 그것도 남쪽 나라로 표류해서 어쩌다 구경한 게 아니라 한양 땅에서 여러 사람이 맛봤다. 코코넛 껍질로는 술잔을 만들었고 심지어 모자로도 썼다.

바나나, 멜론, 심지어 파인애플까지도 조선의 선비들은 알고 있었다. 직접 먹어보지는 못했더라도 존재 자체는 알고 있었으며 그 활용법을 궁금해했다. 조선의 선비들은 어떻게 이런 열대과일을 접할 수 있었을까? 그들이 품었던 궁금증은 단순히 호기심이었을까, 아니면 또 다른 무엇이었을까?

오렌지와 레몬도 재미있는 역사를 가지고 있다. 한때 값비싼 수입 과일이었고 그래서 최초의 원산지 역시 미국이나 남미, 아니면 지중해 어디쯤일 것이라고 생각하기 쉬운데, 원래 이들은 아시아가 원산지였다. 그러던 것이 유럽으로 전해졌다가 다시 아시아로 역수입되었고, 이 과정에서 역사에 큰 영향을 끼쳤다. 예를 들어 피렌체의 군주였던 이탈리아 메디치 가문의 시조가 오렌지 무역으로 큰돈을 벌었으니, 따지고 보면 르네상스가 시작된 배경 또한 오렌지와 무관하다고는 할 수 없다. 레몬도 마찬가지다. 괴혈병을 막은 레몬 덕에 먼 바다를 항해할 수 있게 되었고 이는 유럽 열강의 식민지 정책과 무관하지 않으니, 세상을 바꾼 측면이 분명히 존재하는 것이다.

이렇게 과일은 알게 모르게 역사에 큰 영향을 끼쳐왔고, 각각의 과일이 어떻게 전파됐는지 그 경로를 보면 당시의 경제와 문화의 일면을 엿볼 수 있다. 그런데 이보다는 소박하지만 또 하나 재미있는 것이 있으니, 바로 과일에 담긴 전설과 동화, 민담 등의 이야기들이다.

이를테면 이런 것들이다. 삼국지를 읽어본 사람은 다 알겠지만 유비와 관우, 장비는 도원, 즉 복숭아밭에서 의형제를 맺는다. 이른바 '도원결의'라는 것인데 왜 하필 사과밭도 아니고 포도밭도 아닌 복숭아밭이었을까? 심지어 '무릉도원'이란 말도 있다. 고대 동양인들은 자신들이 꿈꾸는 유토피아를 무릉도원, 즉 무릉이라는 곳에 있는 복숭아밭이라고 불렀다. 왜 그들은 복숭아밭을 낙원이라고 생각했던 것일까?

서양도 비슷하다. 유럽인들은 성경 속의 낙원, 즉 에덴동산에서 자라는 선악과가 사과일 것이라고 믿었다. 이슬람에서는 석류를 천국의 과일이라고 여겼고, 고대 인도를 중심으로 한 불교 문화권에서는 망고를 깨달음의 열매, 즉 '보리수'라고 불렀다.

이제는 너무나 흔하고 익숙해서 우리 손에 닿아 입으로 들어오는 것을 당연하게 여기기 쉽지만, 이렇게 과일 속에는 우리가 미처 알지 못했던 그리고 생각지도 못했던 이야기가 한 바구니 가득 담겨있다.

음식 관련 역사와 문화를 연구하고 글을 쓰면서 줄곧 고민해왔던 부분이 있다. '무엇 때문에 이런 잡학 지식을 공부하려고 시간과 돈을 들이고 있는 것일까? 맛있게 먹으면 그뿐인 음식이나 과일에 대해 굳이 역사와 관련 이야기까지 알 필요가 있을까?' 하는 질문이었다.

일단 재미있으니까 시작한 일이었지만 가끔씩 스스로에게 이런 질문을 던지곤 했었는데, 이번에 과일 이야기를 쓰면서 그 답을 찾은 것 같다. 음식의 역사와 문화를 글로 쓴다는 건 일종의 '지식 디저트'일 수도 있겠다는 생각을 했다.

과일은 식사 때 먹는 채소와는 달라서 엄격하게 말하면 먹어도 그만, 안 먹어도 그만이다. 사람이 먹고 사는 데 반드시 필요한 생필품은 아니다. 하지만 먹으면 입이 즐겁고 식사가 풍요로워지며 생활이 다채로워진다. 과일이 지닌 의미와 가치란 바로 이런 게 아닐까?

과일로 읽는 역사, 과일이 바꾼 세계사 역시 독자들에게 색다른 지식 디저트 혹은 지식 군것질이 됐으면 좋겠다. 과일에 얽힌 역사 이야기야 알면 좋고 몰라도 그뿐이겠으나 일단 그 속을 들여다보면 우리가 미처 몰랐던 사실을 발견하는 재미가 있다. 또한 상식의 폭이 넓어지는 기회, 사물을 다양하고 풍요롭게 보는 계기가 될 수 있을 것이다.

끝으로 이 책이 나오기까지 도움을 주고 애써주신 모든 분들께 감사의 말씀을 전한다.

윤덕노

Contents

Part 3 · 과일이 만든 뜻밖의 역사

History through fruits

과일, 그 천일야화

세종대왕이 수박 도둑에게

대노한 까닭은?

우리나라 역사상 가장 위대한 성군으로 꼽히는 세종대왕이지만 수박 도둑에 대해서만큼은 화를 참기 힘들었던 모양이다.

　세종 5년인 1423년에 있었던 일이다. 궁궐 주방을 담당하는 내시 한문직이 수박 한 통을 훔치다 들켰는데, 그 결과 장형 100대를 맞고 경상도 영해로 유배되는 혹독한 대가를 치렀다. 장형은 몽둥이로 때리는 벌이다. 말이 쉬워 100대지, 몽둥이 100대면 살이 터지고 뼈가 상한다. 자칫 목숨까지도 잃는다. 그래서 다산 정약용은 『목민심서』에서 곤장 100대를 넘는 장형은 권력남용으로 이어질 수 있으니 극도로 조심해야 한다고 경고하기도 했다. 게다가 이런 곤장 100대보다 더한 벌이 유배다. 감옥에 가두는 것도 아니고 매를 맞는 것도 아니니 가벼운 형벌 같지만 실상 조선 형법에서는 중벌에 속했다. 귀양에서 풀려 다시 복귀할 가능성이 높은 고위직 정치범이라면 현지 수령이 적당히 뒤를 봐줬지만, 그렇지 않은 경우는 낯선 땅에서 추위에 떨고 굶주리며 온갖 박해를 견뎌야 했기 때문이다. 다시 말해 세종대왕은 고작 수박 한 통 훔친 내시에게 곤장 100대와 유배라는 엄청난 중벌을 내렸던 것이다.

　　세종대왕은 유독 수박 도둑을 미워했다. 내시 한문직뿐만 아니라 수박 절도범은 모조리 엄벌에 처했다. 세종 12년, 궁궐에서 수박을 훔쳐 먹는 사건이 또 발생한다. 궁중 물품을 공급하는 관청 내섬시에서 일하던 하급관리 소근동이라는 자가 수박을 훔친 것이다. 이에 형조에서는 장계를 올렸다. 궁궐의 재물을 훔쳤으니 마땅히 참형에 처해야 하지만 수박이 썩어 먹을 만한 상태는 아니니 목숨은 살려주고, 대신 재물을 감시해야 하는 자가 창고의 식량을 훔친 데 대해서는 곤장 80대를 때린 뒤 얼굴에 도둑이라는 문신을 새기겠다는 내용이었다.

　　세종은 형조에서 올린 장계를 보고는 곤장 80대를 때리되 얼굴에 문신을 새기는 것은 면제해주라고 답한다. 약간의 아량을 베풀었던 것인데 어쨌든 지금 상식으로 보나 『목민심서』의 기준으로 보나 처벌 수준이 혹독하기 그지없다. 수박 한 통이 뭐가 그렇게 대단했기에 역사상 가장 어질고 위대한 임금으로 손꼽는 세종대왕이 그토록 모질게 처벌했던 것일까?

16세기 파인애플 1개 값이
1,000만 원?

파인애플은 중남미가 원산지인 과일이다. 1493년 11월, 콜럼버스가 두 번째로 신대륙 항해에 나섰을 때 중미 카리브해의 과델루페섬에서 처음 파인애플을 발견하고는 스페인으로 가져왔다. 그러나 처음 유럽에 전해진 후 거의 200~300년 동안 파인애플은 먹을 수 없는 과일이었다. 품종 개량이 되지 않아 맛이 없었기 때문은 아니다. 오히려 현재와 비슷했을 정도로 달콤하고 향기로웠다고 한다. 그럼에도 먹지 못했던 이유는 너무 비쌌기 때문이다. 유럽의 왕족과 귀족, 부자들조차도 감히 먹을 수가 없을 수준이어서, 문자 그대로 그림의 떡과 같았다.

16~17세기는 설탕이 귀하고도 값비싼 사치품이었던 시대였다. 그런 만큼 단물이 줄줄 흐를 정도로 단맛이 강한 파인애플은 황홀하다 못해 환상적인 열대 이국의 과일이었다. 그 결과 파인애플 값은 천정부지로 치솟았고, 파인애플 1개 값이 무려 현재 기준으로 1만 달러, 그러니까 1,100만원에 거래될 정도였다.

상황이 이렇다 보니, 파인애플은 식용이 아니라 주로 장식용으로 쓰였다. 당시 유럽 귀족들은 만찬장 한가운데에 파인애플을 곱게 모셔놓고 재력과 권력을 과시했다. 재미있는 것은 파인애플을 구매한 것이 아니라 렌트를 했다는 사실이다. 현대인이 자동차를 렌트해서 사용하듯 파티용 파인애플을 시간 단위로 빌려 장식을 했던 것인데, 대개 파티가 시작될 무렵 파인애플을 장식했다가 코스 요리가 들어오기 위해 데코레이션을 해체할 때 파인애플도 함께 옮겨졌다. 이 파인애플은 또 다른 파티 장소의 장식용으로 임대되었고, 이런 식으로 한 번 빌릴 때마다 수십, 수백만 원의 사용료만 지불하면 됐다.

그러다가 파인애플이 노랗게 변하고, 마지막으로 검은색으로 변색되기 진전, 다시 말해 썩기 일보 직전에 먹었다고 한다. 그러니 파인애플 하나만 있으면 임대업으로 큰돈을 버는 것도 가능했다. 물론 지금 우리 눈에는 의아한 점이 많다. 아무리 맛있다고 하더라도 고작 과일일 뿐인데, 유럽의 왕족과 상류층, 그리고 부자들은 왜 파인애플 하나를 놓고 그토록 요란을 떨었던 것일까?

과일이
뭐길래…?

지금은 과일이 흔해서 특별할 것이 별로 없지만 옛날 사람들 눈에 과일은 단순히 맛있는 열매 그 이상이었다. 고대 문헌인 『주례』를 보면 옛 사람들이 왜 과일을 그토록 소중하게 생각했는지에 대한 설명이 담겨있다. 『주례』는 3,000년 전 주나라의 관직과 예법을 적은 유교 경전으로, 여기에 장인(場人)이라는 관직에 대한 설명이 나온다.

"장인은 나라의 밭과 과수원(場圃)을 맡아 나무에 열리는 열매인 과라(果蓏)를 관리한다. 이들 과일은 진귀하고 특이한 물품이다(珍異之物). 시기에 맞춰 이들을 거두고 저장해 모든 차례와 제사 때 사용하는데 손님들에게 과일을 함께 대접하며 즐긴다."

옛 사람들이 과일을 단순한 열매가 아닌 진귀하고 특이한 물건, 즉 보물로 여겼음을 알 수 있는 대목이다.

서양도 마찬가지였는데 과일을 뜻하는 영어 단어 프루트(Fruit)의 어원에서도 서양인들이 과일을 어떻게 생각했는지를 엿볼 수 있다. 영어 'Fruit'는 프랑스어를 통해 전해졌지만 그 뿌리를 거슬러 올라가면 고대 로마인들이 쓰던 말인 라틴어에 닿는다. 영어나 프랑스어뿐만 아니라 스페인어, 이탈리아어, 독일어도 마찬가지로, 모두 라틴어 '프룩투스(Fructus)'가 어원이다.

이 단어는 로마인들이 '열매, 과일'이라는 뜻으로 썼지만 동시에 '즐거움, 유쾌함, 향수(享受, 혜택을 누리다)'라는 뜻도 있다. 그리고 'Fructus'라는 명사는 '차지하다, 누리다, 향유하다'라는 뜻의 동사 '프루오르(Fruor)'에서 파생된 단어다. 그러니 서양인들 역시 과일을 즐거움과 행복을 주는 존재로 보았다는 이야기가 된다.

나무나 풀의 열매에 지나지 않는 평범한 과일이 어떻게 소중한 보석과 같은 물건이 될 수 있었는지는 과일 종류에 따라 각기 다르다. 어쨌거나 그만큼 과일은 상징성이 높은 물자였고, 그 덕에 역사 속에서 수많은 화젯거리를 만들어낼 수 있었다. 이른바 과일의 천일야화다.

사막의 과일 수박, 전세계로 퍼지다

수 박 한 통 값 이

쌀 다 섯 말

『조선왕조실록』 세종 23년(1441년)의 기록을 보면 수박 한 통 값이 쌀 다섯 말이라고 기록되어 있다. 쌀값이 상대적으로 싼 현대에도 뉴스에 나올 판인데, 하물며 쌀이 지금과는 비교도 안 될 정도로 귀했던 조선 초임을 감안하면, 수박 한 통이 거의 금덩어리 수준이었다는 소리다.

이런 수박을 궁궐 내시와 하급 관리가, 그것도 귀한 수박을 지키고 관리해야 할 담당자가 몰래 훔쳐 먹었으니 아무리 세종이 어진 임금이고 성군이었다고 해도 참기 힘들었을 것이다. 하지만 세종이 화를 낸 데는 또 다른 이유가 있었다. 연산군 10년(1504년)의 기록에서 짐작할 수 있다.

"내가 일찍이 중국의 수박을 보고 싶어 했거늘 그때 (김)천령이 강력하게 주장하여 막았다. 과연 임금이 다른 나라의 진귀한 물건을 구하겠다는데 이것이 어찌하여 그르다고 감히 말하는가? 천령을 효수하여 전시하고 그 자식은 종으로 삼으라."

김천령이 마치 연산군의 엄명으로 효수 당한 것처럼 나오지만, 실은 1년 전인 1503년에 이미 사망한 인물이다. 그래서 무덤을 파내 죽은 사람의 목을 베는 부관참시 형벌을 받았는데, 사연인즉 이렇다.

연산군이 북경 가는 사신에게 수박을 구해오라고 했는데 김천령이 먼 곳의 기이한 물건을 억지로 가져오는 것은 옳지 않다며 말렸다. 또 몇 개월이 걸리는 길에 반드시 상할 것이니 우리나라에 아무 이익이 없다며 강력하게 반대했다. 이 때문에 연산군이 부관참시를 명한 것이었는데, 물론 진짜 이유는 따로 있었지만 빌미가 된 것은 수박이었다. 조선 초만 해도 수박은 그만큼 찾아보기 힘든 과일이었다.

흔히 수박을 참외와 함께 옛날부터 먹었던 우리 토종 과일로 생각하기 쉽지만, 수박은 사실 외래 과일이다. 고려 말에 처음 전해졌으니 역사가 길면서도 짧다고 할 수 있다.

『홍길동전』의 저자인 허균은 『도문대작』에서 수박은 고려 때 홍다구가 처음 개성에 심었다고 적었다. 홍다구(1244~1291)는 몽고에 투항한 고려인으로, 고려 주둔 몽고군 장수로 와서 삼별초의 난을 진압하고 일본 정벌을 감독했던 인물이다. 홍다구가 왜 개성에 수박을 심었는지 그 이유는 정확히 알려지지 않았지만, 역사적으로 수박은 사막 지역에서 여행객들이 물통 대신 휴대했던 열매였고, 군대에서 수통 대신 키웠던 식물이었다. 이른바 전략 물자였다는 점에서 홍다구가 고려 땅에 수박을 심은 까닭을 짐작해볼 수 있다.

어쨌든 홍다구가 수박을 심은 것은 13세기 후반이다. 그런데 150년이 지난 세종 때 수박이 금값에 버금갔다. 그리고 또 50년이 지난 연산군 때 사신을 통해 수박을 구하려고 했다. 이는 수박이 처음 전해진 뒤 약 200년 동안 한반도에 널리 퍼지지 못했다는 말이 된다.

그 이유는 수박의 원산지와 전파 경로를 통해 추정해볼 수 있다. 송나라 구양수는 『신오대사(新伍代史)』에서 수박은 서쪽에 있는 거란을 통해 전해졌기 때문에 서과(西瓜)라는 이름을 갖게 됐다고 했다. 수박의 원산지는 아프리카다. 아랍과 중앙아시아를 거쳐 동북아시아에 전해졌다. 사막지대에서 재배했던 과일인 만큼 전파 경로 역시 서역의 타클라마칸사막과 고비사막을 거쳐서 들어왔다. 수박이 고려에 전해질 당시만 해도 주로 사막지대와 같은 건조 지역에서 재배했던 작물이었으니, 개성을 비롯한 한반도 대부분 지역은 품종개량 전의 수박이 잘 자랄 수 있는 땅이 아니었던 것이다.

하지만 수박은 우리 토양에 잘 맞지 않는다고 재배를 포기할 수 있는 작물이 아니었다. 앞서 언급한 것처럼 전략 물자로서의 용도가 있었을 뿐만 아니라, 옛날에는 새롭게 전해진 신품종 채소나 과일의 종자가 단순한 씨앗이 아니었다. 지금에 비유하면 국력을 좌우할 수 있는 일종의

❖ 수박을 훔치는 쥐를 그린 겸재 정선의 <서과투서>

첨단기술이었다. 그렇기에 고려 말 문익점이 붓 뚜껑에 목화씨를 몰래 감춰 들여왔을 정도로 새로운 종자 확보에 열심이었고, 반대로 종자 보유국에서는 종자의 외국 유출을 엄격하게 통제했던 것이다.

이렇게 구하기도 쉽지 않고 키우기도 어려웠던 귀하디귀한 수박 종자였으니, 연산군이라면 몰라도 세종대왕이 수박 도둑에 혹독할 정도로 엄격했던 이유가 단지 비싼 과일을 몰래 훔쳐 먹었기 때문만은 아니었을 것이다.

조선시대 양반 과일의
대표 주자

세종과 연산군의 사례 이외에, 옛 사람들이 남긴 각종 시와 문헌에도 수박에 대한 예찬을 찾을 수 있다.

먼저 고려 말의 대학자이자 충신으로 이름 높았던 목은 이색이 남긴 시에 나오는 수박이다. 개성 부근 천수사(天水寺)라는 절에서 수박을 맛보고는 "의왕(醫王)의 빈 땅에 수박을 심어 가꾸니 / 맛은 단 샘물 같고 빛깔은 눈꽃 같다"고 읊었다.

여기서 의사 중의 왕이라는 뜻의 의왕(醫王)은 명의를 말하는 것이 아니라 부처를 일컫는 말이다. 중생의 번뇌를 치료해 깨달음의 경지에 이르게 하는 것이 마치 명의가 환자에게 약을 써서 병을 치료해주는 것과 같다는 뜻에서 생긴 말이다. 그러니 의왕의 빈 터에 수박을 심었다는 것은 곧 천수사라는 절에서 수박을 재배했다는 소리다.

그런데 이 천수사라는 절은 보통 사찰이 아니었다. 지금은 사라진 절이지만, 목은 이색을 비롯해 최영 장군과 조선 태조 이성계 등등 고려 말의 왕과 재상, 조선 초의 임금과 고관대작들이 수시로 드나들며 연회를 열고 각종 행사를 개최했던 이름난 절이었다. 그런 만큼 엄청 부유했던 절이었고, 이때 수박은 각종 불사에 공양물로 쓰였던 과일인 동시에 절을 찾는 고위층을 대접했던 특별한 과일이었다.

조선 초 명재상이었던 서거정도 수박에 대한 찬사를 아끼지 않으며 시까지 남겼다.

"동문 밖 수박은 항아리만큼 큰데 / 아침에 밭 가꾸던 이가 수박을 보냈네 / 큰 칼로 쪼개니 모양은 흡사 반달 같고 / 칼끝에서 붉은 눈발이 어지러이 떨어지네 / 벌꿀보다 더 달고 찬물보다 더 맑으니 / 감귤 따위는 천한 노비에 불과하다."

조선시대 때 감귤은 매우 귀했다. 제주에서 감귤이 올라오면 이를 기념하는 과거 시험까지 열었을 정도이다. 이런 감귤이 수박에 비교하면 천한 노비 신세라고 했으니 극찬이 따로 없다.

성종 때 사람이었던 김종직은 수박 네 덩어리를 얻고는 즉시 경상감영이 있는 상주로 올려 보냈다는 시를 지었다. 그만큼 소중한 과일이라는 의미겠는데 내용 또한 심상치 않다.

"주궁(珠宮)의 파도는 몇 번이나 열리었던고 / 검은 용을 더듬어서 구슬을 얻고 돌아왔구려 / 별미가 어찌 속인이 얻기에 알맞을손가 / 아전을 시켜 멀리 봉래산 신선께 올리노라."

여기서 주궁(珠宮)은 바다의 신이 사는 물속 궁전이고, 검은 용을 더듬어 구슬을 얻어 돌아왔다는 것은 위험한 파도를 무릅쓰고 바다를 건너 수박을 가져왔다는 뜻으로 풀이한다. 수박을 수입했던 것인지 혹은 수박이 외래 과일이었기에 그렇게 표현한 것인지는 알 수 없으나, 아무튼 수박이 너무 귀했기에 속인이 먹기에는 어울리지 않고 신선들이나 먹는 과일이라고 비유했던 것은 분명하다.

수박은 이렇게 일반인은 쉽게 먹지 못하는 상류층의 과일이었다. 그런 만큼 반대로 농민들한테는 어려움을 안겨주기도 했다. 조선 후기인 정조 때 정약용의 시에 그 풍경이 그려져 있다.

"호박 심어 토실토실 떡잎이 나더니 / 밤사이 덩굴 뻗어 사립문에 얽혀있다 / 평생토록 수박을 심지 않는 까닭은 / 아전 놈들 트집 잡고 시비 걸까 무서워서라네."

정약용이 활동한 18세기는 이미 수박이 널리 퍼졌을 때였다. 고려 말에 수박이 전해졌음을 기록했던 허균의 『도문대작』에서, 수박은 충청북도 충주의 것이 상품이고 그 다음이 강원도 원주의 것이라고 한 것에서 짐작할 수 있는 부분이다.

그럼에도 농민들이 수박을 심지 않는 이유가 아전들이 수시로 시비를 걸어 수박을 빼앗기 때문이라고 한 것을 보면, 수박은 여전히 값비싼 고급 과일이었던 것으로 보인다. 하기야 20세기 초인 1930년대까지만 해도 참외는 평민 과일, 수박은 양반 과일이라고 했으니, 그만큼 수확량은 많지 않았을 것이다.

사막의 과일이었던 수박이
전 세계로 퍼진 까닭은?

지금은 수박이 전 세계적으로 널리 퍼진 과일이지만, 수박을 먹게 된 과정을 보면 기상천외의 역사가 숨어있다. 우리나라뿐만 아니라 중국, 일본, 미국까지 세계 곳곳 모두 마찬가지다.

앞서 말했듯 수박의 원산지는 고대의 서부 아프리카로 추정한다. 약 5,000년 전인 기원전 30세기에 그곳에서 자라던 야생 수박이 퍼져 수많은 교배와 품종개량을 거치면서 지금의 수박이 됐다. 현재도 아프리카에는 여러 종류의 야생 수박이 발견되는데, 재미있는 것은 지금 우리가 먹는 수박과는 완전 딴판이라는 것이다.

고대의 수박은 전혀 달지도 않았고 심지어 쌉쌀하기까지 했다. 당연히 맛있지도 않았다. 또 하나 옛날 수박은 지금 같은 색이 아니었다. 붉은 과육의 수박은 중세 유럽 의학서인 『건강서*Tacuinum Sanitatis*』에 처음 나타난다. 14세기 유럽 귀족이 쓴 책이지만 실상은 11세기 아랍 의학서를 라틴어로 번역한 것이라고 하니까, 지금과 같은 붉은 과육의 수박이 등장한 것도 늦으면 14세기, 빠르면 11세기 무렵일 것이다.

기록에 드러난 옛날 수박은 익지 않은 수박처럼 허옇거나 희미한 노란색이 일반적이었다. 조선시대 문헌에서도 확인할 수 있다. 18세기 후반 영조 때 사신으로 청나라에 다녀온 이갑이 쓴 『연행기사』에도 수박 속이 누렇고 씨가 검다고 했고 19세기 초 순조 때의 『부연일기』에도 수박 속이 노랗다고 나온다. 18세기 일본 문헌인 『화한삼재도회』 역시 껍

❖ 17세기에 그려진 조반니 스탄키(Geovani Stanchi)의 수박 정물화.
　붉은 과육의 수박이 나타난 것은 11~14세기 사이로 추정한다.

질과 속이 모두 노란 수박을 언급했으니 예전에는 노란 수박이 일반적
이었던 것 같다.

　이렇게 옛날 수박은 지금과 딴판이었지만, 그렇다고 모든 것이 달랐
던 것은 아니다. 5,000년 전부터 지금까지 본질적으로 변하지 않은 것이
하나 있으니, 물이 많아서 먹으면 시원한 청량감이 느껴진다는 것이다.
이야말로 수박이 동서고금의 많은 사람들로부터 사랑받으며 지금의 모
습으로 진화한 근본적인 이유일 것이다.

　야생 수박 중에서 물이 많고 맛도 괜찮은 우수한 종자를 골라 심어가
면서 품종을 개량해 식용 열매로 재배하기 시작한 것은 고대 이집트인
들이었다. 지금으로부터 약 3,300년 전인 고대 이집트 제12왕조 시대의

파라오 투탕카멘(BC 1340~1320년)의 피라미드에서 수박씨가 발견됐으니 재배 역사가 꽤 오래됐다고 할 수 있다.

음식사학자와 이집트 학자들은 투탕카멘의 피라미드에서 발견된 수박의 용도가 과일이 아니라 물 대신 마실 음료 대용이었을 것으로 해석한다. 파라오가 사후세계로 돌아가는 멀고 먼 여정에서 혹시 목이 마를 때 갈증을 해소해줄 음료였다는 것이다. 고대 이집트인들이 왜 야생 수박을 품종개량해가며 재배했는지를 설명해주는 열쇠가 되겠는데, 이 무렵 수박은 과일이 아니라 먼 길 떠날 때 수통을 대신하는 열매였던 것이다.

실제로 야생 수박은 물이 잘 빠지는 건조한 모래땅에서도 자라는 열매로, 수분이 약 90%인 덕택에 비가 오지 않는 건기에도 몇 달 동안 수분을 유지한다고 한다. 그렇기에 사막지대 주민들이나 여행자들에게는 필수 휴대 과일이었다.

그래서일까? 흥미로운 사실은 다양한 언어에서 수박을 뜻하는 이름 대부분이 '물이 많은 열매' 혹은 '사막의 열매', 둘 중의 하나를 강조한다는 것이다. 우리말 수박(水瓜)은 물 많은 박과 열매라는 뜻이고 영어의 워터멜론*watermelon*, 혹은 프랑스어 파스테크*pasteque* 또한 물 많은 멜론이라는 뜻이다. 반면 중국어 시과(西瓜)는 한자 뜻 그대로는 서쪽에서 온 박과 열매라는 뜻이지만 서역의 사막지대에서 전래된 과일이라는 뜻이 내포되어 있고, 일본어 스이카(すいか) 역시 중국 한자 서과에서 비롯된 단어다. 스페인어 산디아*sandia* 또한 어원적으로 건조한 모래땅에서 전해진 과일이라는 의미를 포함하고 있다. 참고로 프랑스어와 스페인어의 수박은 어원이 아랍어에 뿌리를 두고 있다고 하니까 여기서도 수박의 전래 경로를 엿볼 수 있다.

한편 물을 대신하던 수박을 과일 및 채소 등의 다양한 용도로 영역을 넓힌 사람들은 그리스·로마인이었다. 먼저 그리스 사람들은 수박을 물 대신 마셨을 뿐만 아니라 약품으로도 활용했다. 히포크라테스를 비롯한 그리스 의사들은 수박을 이뇨제로 처방했고 뜨거운 햇빛으로 일사병에 걸렸을 때 수박껍질을 머리 위에 올려놓아 열을 식히는 데 활용했다.

로마의 박물학자 플리니우스도 저서인 『박물지』에서 페포*pepo*라는 이름의 이 과일은 시원하고 신선한 식품으로 위를 편하게 해주고 궤양치료에 좋으며 껍질은 피부를 달래는 데 좋다는 등 수박의 효능 열한 가지를 나열했다.

1세기 로마의 미식가이자 요리사로 유명했던 귀족 아피키우스는 수박을 요리에 활용했다. 익히지 않은 수박으로 샐러드를 만들었는데 소금과 후추를 뿌리고 올리브오일과 식초를 드레싱으로 곁들여 먹는다는 레시피를 남겼다. 아피키우스 역시 수박을 박과 열매를 뜻하는 페포*pepo*라고 표현했으니 로마시대에는 수박과 멜론을 뚜렷하게 구분하지 않고 두리뭉실하게 박과 열매로 분류했던 것으로 보인다. 그러다가 수박이 채소에서 확실하게 독립해 과일로 입지를 굳힌 것은 3세기 무렵의 중동에서부터로 본다. 유대인들은 고대 히브리어로 수박을 아바팀이라고 불렀는데 달콤한 열매라는 의미였다고 한다.

수박은 이렇게 아프리카의 야생에서 자라는 물 많은 열매에서 그리스 로마 중동을 거치면서 채소로, 과일로 조금씩 진화하기 시작했다. 7세기에 인도로, 10세기 무렵에 중국으로 전해졌으며, 유럽에는 13세기에 무어인이 스페인을 침략할 때 종자를 퍼트렸다. 같은 시기에 몽골의 원나라가 고려에 종자를 퍼트렸으니, 수박이 우리 입으로 들어오기까지는 진화의 역사만큼이나 전파 경로 역시 길고도 멀었다.

미국에선
인종차별의 상징물

물이 부족한 지역에서 대개 수박은 귀하고 또 귀한 과일이었지만, 수박이 세계 어느 곳에서나 환영받았던 것은 아니다. 미국에서 수박의 위상은 동양이나 중동과는 또 달랐다.

　예전만큼은 아니지만, 그래도 미국에서 수박을 먹거나 혹은 수박을 선물하거나 주고받을 때는 조심할 필요가 있다. 자칫 인종차별주의자로 몰릴 수 있기 때문인데, 미국에서 수박은 한때 흑인을 멸시하고 비하하는 도구, 인종차별을 상징하는 과일이었다. 지금 미국에서 인종차별은 불법이기에 과거형으로 표현했지만, 아직도 흑인들은 수박 때문에 불쾌감을 느낄 수 있고 또 수박으로 흑인을 조롱하는 경우도 있으니 실제로는 현재진행형이다.

　2017년 미시건주 디트로이트시에서 있었던 사건이다. 막 소방관 교육을 이수한 로버트 패터슨이라는 수습 소방관이 디트로이트의 한 소방서에 배치됐다가 곧바로 해고됐다. 전입 인사로 돌린 수박 때문이었다. 이 소방서는 새로 전입해온 신입 대원이 간단한 선물을 돌리는 전통을 가지고 있었다. 대부분의 경우는 도넛 같은 간단한 음식을 사오는 것이 보통이지만 패터슨이라는 신입 소방관은 특이하게도 수박으로 전입 신고를 했다.

디트로이트는 흑인이 많이 사는 도시다. 그중에서도 특히 이 소방서는 흑인 소방관이 전체 인원의 90%였고, 상당수 흑인 소방관들이 수박 선물을 받고는 불쾌감을 느꼈다. 결국 수박이 문제가 돼서 수습 소방관의 고용이 취소됐다고 한다. 언론에서 보도한 바에 따르면 해고된 그 소방관이 왜 수박을 선물했는지는 코멘트를 거부했다니까 정확한 이유는 모르겠지만 어쨌든 미국에서는 현재도 수박이 민감한 인종차별 문제와 연결될 수 있다. 실제 최초의 흑인 대통령인 버락 오바마가 당선됐을 때에도 인종차별주의자들은 수박을 가지고 흑인 대통령을 조롱했다고 한다.

수박이 언제부터 그리고 왜 흑인을 멸시하고 조롱하는 상징적인 과일이 됐는지 이유는 분명치 않다. 하지만 간접적으로는 수박의 미국 전파 과정과 관련이 있는 것으로 짐작되고, 직접적으로는 미국 남북전쟁과 그에 따른 노예해방이 계기가 된 것으로 본다.

수박이 북아메리카에 전해진 것은 1576년 스페인 개척자들이 미국 남부의 플로리다에 수박 종자를 심으면서이다. 이어 1629년에는 동북부 매사추세츠에서도 수박을 심었다고 한다. 청교도들이 메이플라워호를 타고 매사추세츠 플리머스에 도착한 것이 1620년이니까 초기 개척민들이 수박 종자도 가져와 재배했던 모양이다. 그리고 비슷한 시기에 아메리카 원주민들도 수박 종자를 구해 미시시피 계곡과 플로리다 일대에서 수박을 재배했다. 원주민과 개척민들이 산발적으로 정착지 주

"I'SE SO HAPPY!"

"WHO SAID WATERMELON"?
George Washington Watermelon Columbus Brown
I'se black as any little coon in town.
At eating melon I can put a pig to shame.
For Watermelon am my middle name.

✤ 1900년대 초반 신문과 잡지 등에 실렸던 캐리커처들. 주로 수박을 먹는 흑인을 희화화하거나 열등하게 묘사하고 있다.

변에 수박을 심어 먹었던 것이다.

그러다 18세기 미국에서 수박이 널리 퍼졌다. 남부에서 흑인 노예를 이용한 대규모 농업이 시작되면서 수박을 많이 심었는데, 이때 흑인들이 수박을 열광적으로 좋아했다고 한다. 아마 뜨거운 땡볕에서 일할 때 수박 한 덩이로 타는 목마름을 달래고 더위도 식히며 허기도 메울 수 있었기 때문일 것이다. 이때부터 남부 백인들 사이에서는 수박은 흑인 노예들이 좋아하는 과일이라는 편견이 생겼다.

그러던 중 북군이 남북전쟁(1861~1865년)에 승리하면서 노예해방이 이뤄졌는데 이때 해방된 자유 노예들이 수박을 재배해 판매하면서 돈을 벌었고, 그러면서 수박을 자유의 상징으로 삼았다. 노예해방 전에도 남부의 몇몇 노예주들은 흑인 노예들이 수박을 재배해 먹고 파는 것을 허용했는데 이것 역시 일부 백인들한테는 꼴 보기 싫었을 것이다. 이렇게 수박은 남부에서 백인들에게 인종차별의 아이콘으로 자리를 잡기 시작했다.

남북전쟁이 끝나고 시간이 흐른 1896년 한 신문에 흑인이 수박을 먹으며 즐거워하는 모습을 그린 캐리커처가 실렸다. 이후 흑인이 비정상적일 정도로 수박을 좋아하는 내용의 그림과 흑인은 수박과 약간의 휴식만 주면 만사를 잊고 좋아하는 단순하고 열등한 인종이라는 내용의 그림들이 그려지면서, 수박은 흑인을 멸시하는 인종차별의 아이콘처럼 쓰이기 시작했다.

이는 20세기 초까지도 이어졌다. 미국 남부의 일부 인종차별주의자들이 프라이드치킨과 땅콩을 흑인들이 먹는 음식이라며 먹지 않았던 것처럼, 수박 역시 흑인들의 과일이라며 기피했다고 하니, 수박에 얽힌 어두운 역사가 아닐 수 없다.

참외 정기로 태어난 개국공신들

참외 장식 들고 행진한
조선 의장대

서울 청계천을 걷다 보면 벽면 타일에 그려진 조선 임금의 행차도를 볼
수 있다. 정조의 〈능행반차도〉로, 어머니 경의왕후(혜경궁 홍씨)의 환갑을
기념해 아버지 사도세자가 묻힌 경기도 화성으로 행차하는 모습이다.

이 그림을 자세히 들여다보면 특이한 장식을 들고 가는 군인 의장대
의 모습을 발견할 수 있다. 참외 장식이다. 한자로 은립과(銀立瓜), 금횡과

(金橫瓜), 은횡과(銀橫瓜)라고 적혀있다. 애써 풀이하면 은칠을 해 세워놓은 참외, 금칠과 은칠을 해 눕혀놓은 참외라는 뜻이다.

고려나 조선시대 국왕이 참가하는 국가적인 의례나 행차에는 통치자의 권위를 상징하는 다양한 깃발과 의장(儀仗)이 동원되었다. 이런 의장을 노부(鹵簿)라고 하는데 여기에는 갖가지 깃발을 비롯해 산(傘)이라고 하는 우산과 해와 달, 산과 동물을 상징하는 의장, 그리고 권력과 무력을 표시하는 창과 봉, 칼과 도끼 등이 쓰인다. 또한 상서로운 의미를 지닌 갖가지 사물을 형상화해서 상징물로 삼곤 했다. 이를테면 부(斧)라고 하는 도끼는 왕의 권위를 상징하는 의장물로 금월부, 은월부가 있으며, 부채인 선(扇)은 해를 가리거나 바람을 일으키는 용도와 함께 상서로움을 뜻하는 상징물로도 쓰였다.

그런데 이런 임금의 행차용 의장에 참외가 동원됐다. 정확하게는 참

❖ 청계천 타일 벽화로 복원된 정조의 <능행반차도> 일부 모습.
　의장대가 참외 장식 무기를 들고 있다.

외를 형상화한 의장용 무기다. 입과(立瓜)라고 하는데 붉은색 칠을 한 자루 끝에 참외 모양의 쇠 또는 나무 뭉치를 매달았다. 그리고는 은색으로 칠한 것을 은립과, 금칠을 한 것을 금립과라고 불렀던 것이다. 사실 참외는 특별히 날카롭거나 묵직한 특징이 없기 때문에, 무력이나 권위를 나타내기가 힘든 과일이다. 그런데도 굳이 참외를 권위의 상징인 의장용 무기로 사용한 까닭은 무엇일까?

참외는 국왕 행차의 의장뿐만 아니라 그 외에도 다양한 상징물로 쓰였다. 국립중앙박물관을 비롯해 여러 박물관의 도자기 전시실을 가보면 그 사례를 쉽게 찾아볼 수 있다. 고려청자나 조선백자 중에는 참외 모양의 병이나 주전자를 흔하게 볼 수 있다. 혹은 참외 넝쿨 문양이 그려진 자기 혹은 손잡이를 참외 넝쿨 모양으로 만든 자기도 많다.

이쯤에서 궁금해진다. 옛날 우리 조상님들은 왜 이런 도자기를 제작했을까? 참외가 무엇이기에 이렇게 특별한 의미를 부여했을까?

♣ (위)대나무 마디를 새겨 장식한 참외 모양의 청자 주전자
♣ (아래)고려청자 절정기인 12세기 선반에 만들어진 참외 모양의 청자 병

다복과
다산의 상징물

참외는 우리에게 참 특별한 과일이다. 이를테면 참외 넝쿨은 끊임없이 뻗어나가며 계속해 열매를 맺기 때문에 번창의 의미로 해석됐고, 참외 속에는 무수히 많은 씨앗이 들어있기 때문에 자손을 많이 낳는 다산의 심볼이 됐다. 국왕 행차에 참외 모형을 들고 행진했던 것도 참외를 다복과 다산의 상징으로 삼았기 때문일 것이다. 이뿐만이 아니다.

고려와 조선의 개국공신 중에는 참외의 정기를 받고 태어난 이들도 있다. 먼저 조선 건국의 일등 주역 정도전의 출생 비화다.

정도전은 부모가 참외밭에서 나눈 사랑의 결실로 태어난 인물이다. 그것도 양반과 노비 사이에 이뤄진 신분을 초월한 사랑의 결과였다. 정도전의 어머니는 우이동이라는 양반집 노비였다. 어느 날 심부름을 가던 중 소나기를 만나 비를 피하려고 근처 참외밭 원두막으로 들어갔는데 그곳에 마침 젊은 남자 한 명이 먼저 와 소나기를 피하고 있었다. 비가 쏟아지는 한적한 원두막에서 젊은 남녀 단둘이 비에 젖은 옷을 입고 이런저런 이야기를 나누다 급기야 사랑까지 나누었던 모양이다. 그렇게 태어난 이가 정도전이다.

정도전의 부친은 정운경으로 훗날 형부상서까지 지내지만 젊었을 때는 집안이 몇 대째 관직에 오르지 못했던 몰락한 시골 양반집 자손이었다. 그러니 정도전 어머니와 사랑을 나눌 당시만 해도 일개 시골 한량에 불과했다. 집안의 여자 노비가 밖에서 몰락한 양반 청년과 눈이 맞아 아이를 낳았는데도 주인이었던 우이동은 정도전이 태어나자 노비문서에서 어미의 이름을 빼주었을 뿐만 아니라 어린 정도전 역시 무척 귀여워했다. 그러면서 집안사람들에게 이 아이가 나중에 커서 큰 인물이 될 것이니 함부로 대하지 말라며 당부까지 한다.

야담을 바탕으로 쓴 근대 잡지《별건곤(1928년 7월)》에 실린 이야기이니 믿을 것은 못되지만 정도전의 출신 성분이 좋지 않았던 것은 사실이다. 그렇기에 훗날 정도전이 탄핵될 때마다 그의 출신배경이 거론됐다. 잡지의 내용처럼 정도전 모친이 노비는 아니어도 모계 쪽으로 노비의 피가 흐르는 것은 분명했다.

태조 왕건을 도와 고려 건국에 크게 기여했으며 명재상으로 이름을 날렸던 최응의 출생도 참외와 관련이 있다. 최응의 출생비화는 흥밋거리 야사가 아니라 고려 정사인 『고려사』 「최응열전」에 실려있다.

최응을 임신했을 때 집에 있는 오이 덩굴에 느닷없이 참외가 열렸다. 이를 본 마을 사람이 궁예에게 알리자 "사내아이를 낳으면 나라에 이롭지 못할 것이니 절대 키우지 말라"고 했다. 하지만 출산 후 몰래 숨겨서 키웠는데 장성해서 학문에 통달한 대학자가 되어 궁예의 신하가 되었다.

어느 날 사람의 마음을 꿰뚫어 볼 수 있다는 궁예가 왕건을 불러 역적모의를 했다며 누명을 씌우려 했다. 왕건이 아니라며 극구 변명을 하는데 최응이 일부러 붓을 떨어트린 후 옆으로 다가가 자백하지 않으면 오히려 위험하다고 귀뜸했다. 왕건이 바로 깨닫고 "신이 진실로 반역을 꾀하였으니 죽어 마땅하다"며 납작 엎드렸다. 그러자 궁예가 크게 웃으며 "경은 정직한 신하다"라며 왕건에게 금과 은으로 장식한 말안장을 내려

주어 위기를 모면했다고 한다.

사실 참외가 상서로움의 상징이었다는 뚜렷한 증거가 있는 것은 아니다. 다만 앞의 여러 사례에서 보듯이 우리 조상님들이 참외에 대해 특별한 느낌을 가졌던 것만큼은 분명하다.

서 민 들 의

여 름 식 량

과일 하나를 놓고 민족 운운하는 것이 거창한 것 같지만 우리가 참외를 먹어 온 역사를 보면 민족 과일이라는 말이 그렇게 어색한 것만도 아니다.

한국인이 좋아하는 전통 여름 과일은 참외와 수박이다. 조선시대까지만 해도 수박은 돈 많은 양반과 부자가 아니면 먹기 힘들었다. 반면 참외는 옛날부터 양반 서민 가릴 것 없이 즐겨 먹던 과일이었고 심지어 양식 역할도 했다. 벼가 익기 전 쌀과 보리가 부족해 고심할 때 여름철 참외가 쏟아져 나오면, 살림이 넉넉지 못했던 서민들은 한시름 놓으며 값싼 참외로 주린 배를 채우곤 했다.

1928년 발행된 잡지 《별건곤》에 수박은 비싸고 배도 부르지 않지만 참외는 싸고 배부르며 먹기도 편하다고 했는데, 1909년 일본이 남긴 기록에도 조선의 하층민이 참외로 배를 채우는 것을 보고 신기해하는 모습이 있다. 참외로 여름 식량을 삼은 역사는 계속해서 거슬러 올라간다.

조선 농민들은 여름이면 너나없이 참외를 재배했는데 조선 초『기재

잡기』에는 세종이 용인, 여주, 이천, 광주 등으로 사냥을 갔을 때 길가 백성들이 청참외와 보리밥을 바치자 술과 음식으로 답례했다는 기록이 있다. 『고려사절요』에는 낙향한 재상이 막걸리와 참외를 먹으며 청빈하게 보낸다는 보고를 받은 충렬왕이 쌀을 하사했다는 기록이 있다.

이렇게 양식으로 대신 먹었을 정도로 친숙한 과일이었던 만큼 옛날 토종 참외는 종류도 다양했다. 지금은 개량 참외가 보급되면서 거의 사라졌지만, 근대 잡지《별건곤》을 보면 잊혀진 우리 토종 참외의 종류와 명산지가 실려있다.

잡지에 실린 참외 종류는 △알록달록한 개구리참외 △겉이 노란 꾀꼬리참외 △색깔 검은 먹통참외 △속이 빨간 감참외 △모양 길쭉한 술통참외 △배꼽이 쑥 나온 배꼽참외 △유난히 둥그런 수박참외가 있다. 쥐똥참외도 있는데 야생종으로 맛이 없어 아이들이 먹지는 않고 장난감으로만 가지고 놀았다고 한다.

❖ 근대 잡지《별건곤》은 1926년부터 1934까지 발행되었으며 대중의 취미와 오락을 목적으로 하는 대중 종합지였다. 사진은 7월호 제2권 제5호 표지

밭에서 처음 딴 첫물 참외는 북치라고 불렀고 두 번째 딴 참외는 개똥참외라고 했다. 이 참외는 사람들이 먹고 버린 참외 씨에서 저절로 싹이 나 열매를 맺었기 때문에 생긴 이름이니 실상은 개똥참외가 아니라 똥참외다.

참외 특산지를 품평해놓은 대목도 재미있다. 먼저 서울은 뚝섬 참외와 시흥 참외, 과천 참외가 유명하지만 뒷모습만 고운 서울 아가씨 같다고 평했다. 보기에만 그럴싸할 뿐 맛은 별로였던 모양이다. 충청도에는 개구리참외로 유명한 성환 참외가 있는데 천안의 호두와 함께 충청남도 양대 특산물로 임금님께 진상하는 참외였다고 한다. 너무나 유명하고 귀한 참외여서 미운 사람한테는 성환 참외를 입도 대지 못하게 했다고 하며, 한날 한시에 죽자고 맹세한 연인끼리도 성환 참외를 맛 볼 때는 둘이 먹다 누가 먼저 죽는지 알지 못할 정도였다고 한다.

전라도는 광주 참외가 유명했다. 전라도 사람들은 광주 참외를 먹고도 맛이 없다고 하면 임진왜란 때 광주 출신 의병장인 김덕령 장군을 역적으로 몰아 죽이는 것보다 더 억울해한다고 했다. 강원도에서는 참외가 그다지 유명하지 않았지만 재배는 많이 했던 모양이다. 특히 예전 춘천 일대는 사방천리 넓은 들판에 모두 참외 원두막이 들어서 있었다고 전한다.

북한에서는 평안북도 벽동 참외가 유명했다. 예전 이곳 처녀들은 "시집을 못 가면 못 갔지 참외를 먹지 않고는 못 살겠네"라는 아리랑을 불렀다고 한다. 벽동은 의주 옆 압록강에 위치한 마을로, 허균이 『도문대작』에서 작지만 매우 달다고 평한 의주 참외가 바로 벽동 참외로 보인다. 벽동은 고집 세고 무뚝뚝한 사람을 일컫는 벽창호의 어원이 되는 마을인데, 벽창호는 원래 벽창우(碧昌牛)로 덩치가 크고 힘이 센 벽동과 창성의 앞 글자를 따서 지은 이름이다.

조선통신사를 향한
일본의 극진한 대접

참외는 사실상 한국에만 있는 과일이다. 미국이나 유럽에는 참외가 없다. 중국도 우리 참외와 같은 과일은 찾아보기 힘들다. 연변처럼 동북3성의 조선족이 많은 곳에서는 참외가 있다고 하는데 북경이나 상해 같은 곳에서는 찾아보기 힘들다. 아주 없는 것은 아니지만 미국처럼 한국 교민들이 찾는 과일 상점에서나 볼 수 있다.

일본도 마찬가지다. 일본 사람들은 주로 멜론을 먹지 참외는 드물게 먹는다. 요즘은 참외를 아예 한국 과일로 알고 있는 사람도 많다고 한다. 하지만 원래부터 일본에 참외가 없었던 것은 아니었다. 옛날에는 일본에서도 참외를 많이 먹었다. 일본 역사 드라마를 보면 오다 노부나가를 비롯해 일본 다이묘나 무사들이 참외 먹는 장면을 심심치 않게 볼 수 있다. 1950~60년대까지만 해도 일본 역시 참외를 많이 먹었고, 실상 지금 우리가 먹는 참외도 50년대 말 일본에서 품종개량한 종자가 바탕이 됐다. 이랬던 참외였는데 1960년대 이후 일본 경제가 발전하면서, 그리고 일본이 멜론의 온실재배에 성공하면서 참외가 사라졌다. 멜론의 부드럽고 달콤한 맛에 참외가 경쟁력을 잃었기 때문이다.

사실 옛날 일본에서는 참외가 귀한 손님이 왔을 때 대접하며 내놓은 여름 과일이기도 했다. 이는 조선통신사 일행의 기행문 곳곳에서 확인할 수 있다. 영조 4년인 1748년, 조명채가 일본을 다녀와 남긴『봉사일본시문견록』의 일부 내용이다.

> 6월 19일의 일기 : 금곡(金谷) 관소에 들었다. 백기수가 사람을 보내어 문안하고 참외를 공궤하였다.
>
> 6월 25일의 일기 : 언근성(彦根城) 관소에 들어갔다. 들건대, 본주의 태수는 에도에서 돌아오지 않고 주의 일을 맡은 자가 와서 참외 1상자를 바쳤다 한다.
>
> 6월 27일 일기 : 미농 태수(美濃守)가 참외를 큰 대나무 망태기에 담아 보내왔는데 그 숫자가 1,000개 가까이 됐다. 그것을 가져와 바칠 때에 인부 10명이 겨우 움직일 수 있었으니 그 또한 한 번 볼 만했다.

참고로 여기서 미농(美濃), 즉 미노는 옛날 일본 참외의 본고장이었다. 조선에서 통신사 일행이 왔다고 가는 곳마다 현지 수령이 손님 대접한다며 참외를 무더기로 선물하는 모습이 이채롭다.

조명채 일행만 참외 접대를 받은 게 아니었다. 130년 앞서 광해군 때인 1617년, 조선통신사 일행으로 일본을 다녀 온 이경직이 남긴『부상록』에서도 상황은 비슷했다.

7월 8일 일기 : 조흥이 배를 옮겨 타고 와 배 위에서 알현하는데 돌아
간 후에 전복, 참외 등의 물품을 보내왔다.

7월 16일 일기 : 의성이 소주, 생선, 과일 상자, 참외 30개 등의 물품을
보내왔으므로 일행의 하인들에게 나누어주었다.

가는 곳마다 참외를 무더기로 받다보니 나중에는 짜증 섞인 반응까
지 보였다. 숙종 때 통신사 종사관으로 갔던 남용익이 남긴 『부상일록』
의 7월 3일자 일기에는 평성부가 참외 한 소반을 바쳤는데 너무 자주 바

친다 하여 사절했다고 적혀있다. 이어 이틀 후인 7월 5일자 기록에는 대마도에 머물렀다, 평성련 등이 각기 참외와 소면 등을 보내와서 도로 물렀는데 두세 번 군이 청하여 반드시 바치고야 마니 또한 귀찮은 일이었다, 고 기록되어 있다.

일본 지방 영주와 수령들이 이렇게 앞다투어 조선통신사 일행에게 참외를 선물한 것은 나름의 극진한 대접이었다. 조선도 비슷했지만 무엇보다도 17~18세기 일본에는 참외 이외에는 마땅한 여름 과일이 없었다. 수박은 아직 전해지기 전, 혹은 널리 퍼지기 전이었고 능금이 아닌 지금과 같은 사과는 제철도 아니거니와 먼 훗날에야 일본에 전해진다. 게다가 이 무렵 일본 참외는 당시 일본 기준으로는 꽤 달고 맛있는 과일이었을 것이다. 조선통신사의 기록에도 일본 참외가 무척 달다고 나온다.

이렇듯 17~18세기 일본에서는 참외가 가장 보편적이면서 맛있는 과일이기도 했지만 참외를 선물한 데는 또 다른 배경이 자리한다. 16세기말 일본 전국시대를 평정한 오다 노부나가가 일왕과 당시 쇼군에게 참외를 헌상하면서, 한때 무사와 지방 영주인 다이묘들 사이에 상급자나 손님들에게 참외를 선물하는 풍속이 유행처럼 퍼졌기 때문이다.

일본 왕실의 궁중 진상품을 상세히 기록한 『어탕전상일기(御湯殿上日記)』에는 1575년 6월과 7월 세 차례에 걸쳐 오다 노부나가가 마쿠와우리, 즉 참외를 진상했다는 기록이 나온다. 그런 이유 때문인지 역사를 주제로 한 일본 사극 드라마를 보면 오다 노부나가를 비롯해 일본 다이묘들이 참외 먹는 장면을 심심치 않게 볼 수 있다. 조선통신사가 일본에 갔을 때 번거롭다고 느낄 정도로 참외를 선물 받은 것 역시 이런 맥락에서 참외가 극진한 대접의 상징이었기 때문으로 추측된다.

하지만 지금 세계적으로 참외의 명맥을 잇고 있는 것은 한국 참외뿐이다. 우리만 참외가 과일로서 인기가 높다. 한국에서 그리고 한국인을 통해 참외가 비교 우위의 경쟁력을 확보하고 있는 것인데, 그래서 요즘은 참외의 영어 이름이 아시아 멜론에서 아예 코리아 멜론으로 바뀌고 있다고 한다.

교황이 멜론 먹고 사망한 까닭

교황과 왕의
입맛을 사로잡다

같은 멜론 종류이기 때문일까? 우리한테 참외가 흔하면서도 특별한 과일이었던 것처럼 유럽에서는 멜론이 그런 과일이었다.

옛날 유럽에는 유별나다 싶을 정도로 멜론을 사랑한 사람이 많았다. "설마 그 정도까지…"라고 할 정도로 전설 같은 에피소드를 남긴 인물도 여럿 있다. 그중 한 명이 15세기 후반의 교황 바오로 2세였다. 1471

년 7월 26일 갑작스런 심장마비로 선종했는데 사망 원인에 대해서는 여러 소문이 있지만 멜론을 지나치게 많이 먹었기 때문이라는 설이 가장 유력하다. 이 밖에도 누군가가 독을 발라 놓은 멜론을 먹고 암살당했다는 설, 불미스런 행위 중 심장마비로 급사했다는 설 등등 소문이 많은데 아마 정적이 많았기 때문에 생겨난 루머일 것이다.

어쨌든 가장 유력한 것이 멜론 과식으로 인한 사망설인데 얼마나 멜론을 좋아했는지 입에 달고 살다시피 했다고 한다. 선종 당일에도 식후 디저트로 멜론을 잔뜩 먹고 갑작스레 소화 장애를 일으켜 쓰러져 심장마비로 이어졌다는 것이다. 사실 여부를 떠나 당시 사람들은 충분히 그렇게 생각할 만했다. 왜냐하면 먼 옛날부터 유럽에서는 멜론을 많이 먹으면 소화 불량으로 고생한다고 믿었기 때문이다. 1,800년 전 로마에서 활동했던 그리스 출신 의사 갈렌은 멜론의 의학적 효능을 열거하면서, 많이 먹으면 소화에 문제에 있다고 적었을 정도

∴ 이탈리아 팔라초 베네치아에 있는 바오로 2세 흉상

다. 그런 믿음이 있기에 교황이 멜론을 먹고 선종했다는 진단이 내려질 수 있었던 것이다.

그렇다면 교황 바오로 2세를 사로잡은 멜론의 매력은 무엇이었을까? 짐작컨대 아마 15세기 후반에 바오로 2세가 먹었던 멜론은 다른 어떤 과일보다도 더 달콤하고 향긋했을 것이다. 그렇기에 세속과 종교를 아울러 최고 권력자였던 교황의 입맛을 사로잡을 수 있었을 것으로 보이는데, 멜론의 역사를 들여다보면 이런 추정이 가능해진다. 일단 이름부터가 그렇다.

교황이 먹었던 멜론은 머스크멜론인데, 머스크musk는 페르시아어로 사향이라는 뜻에서 유래했다. 사향처럼 향기로운 맛이 나는 멜론이라는 뜻이다. 그중에서 바오로 2세가 먹었던 멜론은 훗날 품종개량을 통해 더 유명해졌는데, 바로 캔털루프 멜론이다.

지금은 캔털루프가 그저 멜론의 한 종류로 알려져 있지만 사실 그렇게 단순한 이름이 아니다. 어원은 이탈리아 로마에서 자동차로 1시간쯤 북쪽으로 떨어진 곳에 있는 칸탈루포Cantalupo라는 마을 이름에서 유래했다. 정식 명칭은 사비니언덕에 있는 '칸탈루포라'로, 늑대가 울부짖는 곳이라는 다소 살벌하고 황량한 의미에서 비롯된 곳이다. 이곳은 중세시대 교황의 여름 별장과 직속 영지가 있던 곳인데, 이런 마을이 엉뚱하게 멜론 품종 이름이 된 것은 페르시아 지방에서 전해진 사향처럼 향긋하고 달콤한 맛이 나는 멜론이 유럽에서 처음으로 이 마을에서 재배됐기 때문이다.

이곳에서 재배한 멜론은 주로 교황의 식탁에 올랐다. 211대 교황인 바오로 2세에 이어 213대 교황인 이노센트 8세도 멜론을 좋아해서 식사 전, 멜론을 반으로 자른 후 여기에 와인을 부어 반주로 마셨고 아침에 일어나 바로 멜론을 먹었을 정도로 멜론 광이었다고 한다. 약 100년 지난 1605년에 선종한 클레멘트 8세 역시 멜론을 지나치게 먹어 성인병에 시달렸다는 미확인 루머도 있다. 중세 이후 유럽 최고의 권력자였던 역대 교황들이 그만큼 멜론을 사랑했던 모양이다.

가톨릭 교황 이외에도 멜론 맛에 푹 빠져 전설 같은 에피소드를 남긴 사람이 또 있다. 소설 『춘희』와 『삼총사』, 『몽테크리스토 백작』 등의 작품을 남긴 19세기 프랑스의 대문호 알렉상드르 뒤마다.

프랑스 남부 도시 카바용에서 공공 도서관을 지을 때 당대의 유명 작가인 뒤마에게 작품 기증을 요청했다. 그러자 뒤마가 전집 400권을 보내며 그 대가로 카바용에서 재배하는 멜론을 해마다 12개씩 보내 달라고 요구했

:: 알렉상드르 뒤마 초상. 펠릭스 나다르 작품

∴ 카바용 멜론 시장을 찍은 1906년 엽서

다. 사실상의 무료 기부다. 카바용시는 뒤마의 제안을 기꺼이 받아들였고 죽을 때까지 해마다 멜론을 보냈다고 한다. 이 일화는 주로 프랑스의 대문호 뒤마가 멜론을 좋아했다는 것, 그리고 멜론이 맛있는 과일이라는 점을 강조할 때 인용된다.

카바용은 프랑스 서부의 샤랑트와 함께 프랑스를 대표하는 멜론 산지로 유명하다. 이 두 곳에서 나오는 카바용 멜론과 샤랑트 멜론은 미식의 나라 프랑스에서 식도락가들이 즐겨 찾는 최고급 과일이다.

카바용 멜론 역시 바오로 2세가 먹었던 멜론처럼 머스크멜론, 그중에서 캔털루트 멜론의 한 종류인데, 카바용 멜론이 유명해진 이유는 맛도 맛이지만 역사와 전통을 자랑하기 때문이다. 15세기 말 프랑스 왕 샤를 8세는 프랑스 왕이지만 유럽 왕실의 복잡한 혼인 관계로 이탈리아 나폴리 왕국에 대한 왕위 계승권을 주장하다 갈등을 빚었고 1495년 전쟁을 일으켜 이탈리아로 쳐들어가 나폴리 국왕에 즉위했다. 하지만 샤를 8세의 나폴리 통치에 반대하는 교황과 오스트리아, 밀라노, 베네치아 왕국 연합군에 패해 다시 프랑스로 퇴각한다. 카바용 멜론은 이때 이탈리아에서 새로운 멜론, 즉 페르시아에서 전해졌다는 향긋하고 달콤한 사향 냄새의 머스크멜론 종자를 가져다 심은 것이다.

로마 교황과 프랑스 왕이 한눈에 반했다는 맛이었으니, 일반 프랑스 백성들한테는 멜론 맛이 얼마나 황홀하게 느껴졌을지 짐작되는 부분이다. 그래서 300년이 지난 19세기 알렉상드르 뒤마가 살았던 시대에도 명성이 이어졌던 모양이다.

동 양 의 멜 론,

하 미 과

멜론은 얼핏 서양 과일이고 그래서 동양에서는, 그리고 우리나라에서는 현대에 들어와서야 서양 과일인 멜론을 맛보았을 것으로 생각되지만 꼭 그런 것만도 아니다.

중국 여행을 다녀온 사람들 사이에서는 꽤 유명한 하미과(哈密瓜)라는 과일이 있다. 중국 서부 신강 위구르 자치구에 있는 도시인 하미(哈密)시에서 주로 재배하는 과일인데, 대다수 한국인에게는 익숙하지 않은 과일이기에 설명을 하자면, 크기는 수박만큼 크지만 수박은 분명히 아니고 참외라고 부르기에는 엄청 큰 데다 달기도 달아서 참외 종류라고도 할 수도 없다. 그렇다고 멜론이라고 하기에도 어색한 것이 아삭아삭한 식감과 함께 맛 또한 멜론과 다르기 때문이다. 그래서 하미과를 맛본 한국인들이 그 정체를 궁금해하는 경우가 많은데, 사실 하미과의 식물학적 정체는 머스크멜론의 한 종류다. 보다 구체적으로 말하면 머스크멜론의 변종인 캔털루프 멜론 계열이니까, 교황 바오로 2세나 프랑스 왕 샤를 8세 내지 알렉상드르 뒤마가 그 맛에 푹 빠졌다는 멜론과 같은 계열이다. 하지만 품종개량을 통해 또 다르게 진화했기 때문인지 일반적인 머스크멜론과는 상당히 다른 맛이다. 그렇기에 수박인지 멜론인지 참외인지 구분이 잘 되지 않는다.

하미과가 생산된다는 도시 하미는 지금은 중국 땅이지만 17세기 말까지만 해도 독립된 위구르의 땅이었다. 하지만 이후 청의 영향권 아래 들어가 조공을 바치게 되는데, 하미과는 이때 하미국에서 청나라에 조공으로 보냈던 공물이다.

처음 보낸 시기는 청나라 제4대 황제인 강희 37년(1698년)으로 기록된다. 이를 맛본 강희제가 이렇게 맛있는 과일은 처음 먹어본다며 이름이 무엇이냐고 물었다. 그러자 사신이 머뭇거리며 대답했다. 따로 특별한 이름은 없고 다른 참외(甛瓜)와 마찬가지로 그냥 참외라고 부른다고 말했다. 그러자 강희제가 이런 맛있는 과일을 특별한 이름 없이 그냥 참외라고 부르는 것은 말이 안 된다며 앞으로 산지의 이름을 따 하미 참외, 즉 하미과라고 부르라고 했다. 하미과라는 이름이 생긴 유래하고 하는데 사실 여부는 확실치 않다.

다만 강희제 때 서역 하미국의 참외(멜론)가 중국에 조공으로 보내졌던 것은 분명하다. 청나라 문헌인『신강회부지(新疆回部志)』에 강희 초부터 하미에서 멜론을 공물로 보냈다는 기록이 있기 때문이다. 참고로 현재 신장 위구르 자치구의 하미시에서 북경까지는 직선거리로 약 2,200Km 다. 서울과 부산까지의 약 5배에 이르는 머나먼 거리를 무릅쓰고, 쉽게 상하는 과일을 공물로 보낼 만큼 맛이 좋긴 했던 모양이다.

흥미로운 사실은 청나라에 간 조선 사신들도 하미과를 보고는 조선에서는 맛보지 못한 과일이라며 신기해했다는 점이다. 조선시대 문헌에는 하미과로 추정되는 낯선 참외, 즉 멜론에 대한 기록이 여러 차례 보이는데, 숙종 38년인 1712년, 사신을 수행해 북경을 다녀온 김창업이『연행일기』에 관련 글을 남겼다.

"박동화가 와서 회회국(回回國) 참외 반쪽을 바치며 말하기를 '이것이 바로 황제에게 진상한 것인데 통역관 박득인이 보내온 것'이라고 말했다."

이어 회회국 참외의 생김새와 맛에 대한 내용이 보인다. 모양은 호박과 같으나 껍질은 푸르고 속은 누르고 붉어서 우리나라의 쇠뿔참외의 빛과 같다고 했다. 두꺼운 껍질을 깎아낸 뒤 과육을 씹으면 단단하면서도 연하고 깨물면 소리가 나는데, 그 맛이 참외보다 기이하다며 그러나 지나치게 상쾌해서 많이 먹을 수가 없었다고 적었다.

정조 1년인 1777년, 사신으로 청나라에 다녀온 이갑의『연행기사』에도 하미과로 보이는 멜론에 대한 기록이 보인다. 탑밀국(塔密國)은 서역 서쪽에 있는 나라로 풍속을 자세히 알 수는 없지만 청나라에 복속해 왕래가 잦다며, 그곳 참외는 크기가 우리의 호박 같고 맛이 매우 단데 겨울에도 볼 수 있다고 적었다.

『연행일기』에 나오는 회회국 참외는 하미과가 틀림없어 보인다. 그런데 강희제가 하미국에서 보내온 하미과를 처음 맛봤다는 해가 1698년이고 김창업 사신 일행이 북경에 간 해가 1712년이니, 불과 14년의 간격이다. 짧다면 짧은 기간인데 멀리 떨어진 하미국에서 가져 온다는 회회국 참외를 사신 일행이 맛볼 수 있었으니 꽤나 많은 양의 하미과가 조공으로 보내졌던 모양이다.

그러고 보면 청나라의 지배를 받게 되면서 지금의 신강 위구르 자치구에 위치한 하미국은 청에 하미과를 공물로 바치느라 뼈 빠지게 고생했던 것 같다. 중국에 정복당한 위구르의 불행이 이때부터 시작됐다.

❖ 1980년 중국 신장 자치구 시장 모습.
수박만한 크기의 하미과를 수북하게 쌓아두고 판매하고 있다.

페르시아에서 다시
유럽으로

멜론은 지금도 값싼 과일은 아니지만 수십 년 전에는 서민이 쉽게 사먹을 엄두도 내지 못할 만큼 비싼 과일이었다. 수입 자유화 이전에는 관세가 왕창 붙는 수입 과일이었기 때문이다. 우리나라만 그랬던 것도 아니다. 1960년대에는 미국에서도 수입 멜론이 사치스런 고급스런 과일로 분류되어 고율의 관세가 매겨졌다.

그러나 알고 보면 멜론이 처음부터 비싼 과일은 아니었다. 더군다나 교황과 황제가 깜빡 죽을 정도로 그렇게 맛있었던 과일도 아니었다. 오히려 오이와 구분하기 힘들 정도로 그 맛이 특별할 게 없었고, 그래서 고대에는 과일이 아닌 채소로 취급해서 주로 소금이나 꿀, 향신료를 곁들여 샐러드로 먹었다. 이랬던 멜론이 오이와 비슷한 채소에서 향긋하고 달콤한 과일로 변신하기까지는 기나긴 세월과 여러 나라의 엄청난 노력이 필요했다.

수박이나 오이와 마찬가지로 멜론의 원산지 역시 분명하지 않다. 멜론의 전파에는 여러 설이 있지만 일반적으로는 아프리카에서 시작돼 이집트와 그리스 로마를 거쳐 페르시아와 인도로 전해지면서 전 세계로 퍼진 것으로 보고 있다.

처음 고대 그리스 로마에서 멜론이 보급됐을 때, 당시 사람들은 오이와 멜론에 대해 별다른 차이를 두지 않았다. 1세기 로마의 정치인이며 박물학자였던 플리니우스가 쓴 『박물지』에 멜론에 관한 기록이 보이는데 오이와 멜론의 구분부터가 애매하다.

일단 오이 항목을 보면, 티베리우스 황제가 오이를 아주 좋아해 오이 없이는 하루도 지내지 못했고, 바퀴가 달린 모판을 만들어 오이를 심은 후 햇볕을 따라다니며 키웠으며, 겨울에는 거울로 된 상자에 넣어 추위를 막았다고 나온다. 최초의 온실재배에 대한 기록으로 본다. 제2대 로마황제인 티베리우스는 서기 14년부터 37년까지 황제 자리에 있었으니까 플리니우스와 동시대의 인물이다. 황제가 이렇게 애지중지 키운 이유가 황제의 취미가 특별했기 때문인지, 아니면 1세기 초 로마에서 오이가 지금처럼 누구나 먹는 흔한 채소가 아니라 새롭게 보급된 채소였기 때문인지는 분명치 않다

의아한 건 그 다음 구절이다. 옛 그리스 작가가 적어놓기를 오이는 우유와 꿀에 2~3일 담아 둔 씨앗으로부터 번식시키는데 이런 방법으로 싹을 키우면 오이가 훨씬 달콤해진다는 것이다. 그리고 이어서 멜론에 대한 기록이 보인다. "완전히 새로운 형태의 오이가 캄파니아 지방에서 생겨났다. 마르멜로(유럽 모과라고 부르는 과일)의 열매와 비슷한 모습이다. 완전 우연히 얻은 종자였는데 그 씨앗을 심으니 계속 같은 모양의 오이가 열렸다. 이 변종의 이름을 멜로페포*melopepo*라고 지었다."

멜로페포는 멜론의 어원이 되는 라틴어 이름으로, 멜로*melo*는 열매라는 뜻이다. 페포*pepo*는 주로 수박을 가리키는 낱말로 쓰였지만, 좀 더 광범위하게 익으면 노랗게 변하는 열매를 뜻하기도 한다. 그러니까 멜로페포는 익으면 참외처럼 노랗게 되는 열매라는 뜻이다.

플리니우스의 기록을 토대로 추측해보면, 수박*Citrullus lanatus*은 물론이

고 오이_cucumis sativus_와 멜론_Cucumis melo_은 분명히 종자가 다른 식물이지만, 1세기 무렵 로마에서는 오이와 멜론을 명확하게 서로 구분하지는 않았던 것으로 보인다. 그리고 캄파니아 지방에서 새로운 형태의 오이가 생겼다고 한 것을 보면, 멜론은 이 무렵 새롭게 퍼지기 시작했거나 혹은 처음으로 오이와 구분되기 시작했을 것이다.

이렇게 서유럽의 멜론은 중세까지 우리의 맛없는 참외 수준이었지만, 로마에서 페르시아를 거쳐 아프가니스탄과 우즈베키스탄 등의 중앙아시아와 인도로 전해진 멜론은 달랐다.《식물학 연구저널_Annals of Botnny_》에 실린 연구논문_Medieval emergence of sweet melons_에 따르면, 페르시아와 아랍 문헌에서는 9~10세기 무렵부터 달콤하고 향기로운 멜론에 관한 기록이 수없이 보인다고 한다.

대표적인 기록을 몇 가지 살펴보면, 9세기 후반 페르시아, 지금의 아르메니아 지방은 향긋하고 달콤한 멜론의 생산지로 이름이 높았다고 한다. 1330년 아랍의 마르코 폴로라고 하는 이븐 바투타의 여행기에도, 지금의 팔레스타인 지역에서 나오는 멜론이 크고 달콤하고 맛있다는 기록이 있다. 1372~1376년 무렵 지금의 이스라엘 지역인 갈리아 마을에서는 통치자에게 바쳐진 노란 멜론을 술탄 멜론이라고 불렀다. 그러고 보면 머스크멜론의 어원이 왜 페르시아어로 사향을 뜻하는 모시크 _moshk_(کشم)에서 비롯됐는지 이해할 수 있다. 페르시아를 비롯한 중앙아시아의 멜론이 그만큼 향긋하고 달콤했기 때문이다.

이 정도면 교황 바오로 2세와 샤를 8세를 비롯한 유럽의 왕들이 멜론 맛에 푹 빠졌던 까닭도 이해가 된다. 평소 오이 같은 맛없는 멜론을 먹다가 동방에서 전해진 사향의 향기가 나는 달콤한 멜론을 먹었으니 그 맛에 푹 빠질 수밖에 없었다. 그렇기에 종자를 구해 교황 영지에 심고 여기서 얻은 종자를 프랑스 국내에 옮겨 심었던 것이다. 아프리카에서 이집트 로마를 거쳐 페르시아와 유럽, 그리고 지금은 세계 곳곳으로 퍼져나가게 된 멜론의 천로역정이다.

파인애플, 왕권의 상징이 되다

과일의 왕,
왕의 과일

파인애플을 처음 본 유럽인의 반응은 열광적이었다. 콜럼버스가 2차 항해에서 돌아와 스페인 이사벨라 여왕과 남편인 아라곤왕 페르디난도 2세에게 파인애플을 바쳤을 때, 페르디난도 2세는 파인애플을 맛본 후 겉모습과 빛깔은 마치 솔방울처럼 생겼고 껍질은 비늘 같은 것으로 뒤덮여 있으며 단단하기는 멜론보다 더하지만 맛과 향은 다른 모든 과일을 압도

한다며 감탄했다고 한다.

사실 충분히 납득이 가는 일이다. 중남미의 카리브해에서 길고 긴 항해 끝에 가져왔으니 열매가 무르익을 대로 익었을 것이다. 더군다나 콜럼버스가 살았던 15세기 말은 과일의 당도가 지금과는 비교도 안 될 정도로 낮을 때였으니, 잘 익은 파인애플의 향과 맛, 달콤함에 압도당하지 않을 수 없었다. 더군다나 멀고 먼 신대륙에서 가져와야 했기에 구하기조차 쉽지 않은 과일이었으니, 사람들은 파인애플에 대해 환상까지 품었다. 15세기 말에서부터 16~17세기 유럽인들이 파인애플에 대해 보인 반응이 흥미롭기 그지없다.

스페인의 아라곤왕 페르디난도 2세가 파나마에 파견했던 특사 곤잘레스 페르난데스는 파인애플을 보고 지금껏 봐온 과일 중에서 가장 아름다울 뿐만 아니라 그토록 절묘하고 사랑스런 모습의 과일은 이 세상에서 더 이상 없을 것이라며 감탄했다. 절제와 금욕을 최고 덕목으로 여겼던 당시의 가톨릭 성직자까지도 파인애플에는 탄복을 아끼지 않았다. 17세기 도미니크 수사이면서 식물학자였던 두 테르트는 파인애플을 보고 과일의 왕이라며 축복을 내렸을 정도였다. 17세기 초반의 프랑스 의사 피에르 퐁메는 파인애플을 과일의 왕이라고 부르는 것은 지구상의 모든 열매 중에서 가장 뛰어난 과일이기 때문이며, 그렇기에 신이 과일의 왕이라는 뜻으로 파인애플 머리 위에 왕관을 씌워준 것이라고 해석했다.

이런 저런 이유로 파인애플은 왕권의 상징이 되기도 했다. 영국에서 청교도 혁명이 끝난 후 왕권을 되찾은 영국왕 찰스 2세는 파인애플을 왕권의 상징으로 삼았다. 그래서 왕실 정원사가 파인애플을 키워 자신에게

❖ 1675년 헨드릭 당커츠 작품. <정원사 존 로즈에게 파인애플을 진상받는 찰스 2세>

바치는 장면을 그림으로 그려 후대에 전하도록 했다.

찰스 2세가 이렇게 파인애플을 왕권의 상징으로 삼았던 데는 단순히 파인애플을 좋아하는 것 이상의 다른 배경도 있었다. 17세기 초 영국과 프랑스는 카리브해 서인도제도에 있는 세인트 키트라는 섬의 지배권을 놓고 서로 다투었다. 그렇기에 찰스 2세가 이 섬에서 가져온 파인애플을 디너파티용 과일더미 꼭대기에 올려놓으며 그 섬의 지배권 확보에 대한 강한 의지를 표명했다는 것이다.

파인애플은 이렇게 왕권의 상징, 권력과 재력의 심볼이기도 했지만 일반적으로는 환영의 의미, 우정의 아이콘으로도 쓰였다. 지금도 그 흔적이 남아있는데 일례로 유럽이나 미국, 동남아 휴양지의 고급 레스토랑에서 식사를 하면 테이블 중앙에 아름답게 조각한 파인애플이 놓여있는 것을 볼 수 있다. 식사가 끝날 무렵이면 이 파인애플을 가져다 디저트로 내놓는다. 당연히 테이블 장식용으로 놓은 데코레이션이지만 여기에는 손님을 환영한다는 뜻이 담겨져 있다고 한다. 파인애플이 환대의 아이콘으로 쓰인 것인데, 16세기 이래 유럽 귀족의 디너파티에 파인애플을 장식용으로 놓았던 것에서 비롯된 전통이다.

온실 재배 열풍을 불러 일으키다

옛날 유럽의 왕족과 귀족이 파인애플을 천상의 과일로 여긴 데는 희소성의 이유가 크다. 아직 익지도 않은 파란 파인애플을 따서 범선에 싣고 남미 혹은 중미의 카리브해에서 대서양을 건너 유럽까지 오는 데는 몇 달이 걸렸다. 그 사이에 선적한 파인애플은 대개 썩어버리고 어쩌다 완전 숙성돼 잘 익은 파인애플 한두 개를 건질 수 있었으니, 이런 파인애플을 먹었다는 자체가 행운이고 특권일 수밖에 없었다.

그만큼 파인애플을 구하려는 노력도 각별했다. 파인애플은 열대과일이기에 때문에 유럽 어느 곳에서도 재배를 하지 못했다. 별 수 없이 온실 재배를 해야만 했는데 파인애플을 키울 수 있는 열대의 조건을 갖춘 온실을 만들기란 정말 쉽지 않았다.

최초의 온실재배는 콜럼버스가 처음 파인애플을 유럽에 전한 지 200년 가까이 지난 1687년에야 이뤄졌다. 네덜란드의 아그네스 블록이라는 여성이 처음으로 재배에 성공했는데 아그네스 블록은 비단 무역상인의 미망인으로 어마어마한 재력의 소유자였다. 그런 만큼 다양한 예술품과 열대식물을 모으는 수집가로도 유명해서 집안에 식물원*botanical garden*을 만들었고 그곳에 파인애플을 심어 키웠다.

하지만 아그네스 블록이 정원 식물원에서 키운 파인애플은 본격적인 온실재배로는 평가받지 못했다. 다년생 초목인 파인애플을 어쩌다 죽이지 않고 키웠던 것으로 보이는데, 그렇다고 아그네스 블록의 공로를 폄하할 것만은 아니라고 한다. 열대식물을 죽이지 않고 키울 수 있는 온실 *hot house*을 짓는 구조와 온도를 유지하는 노하우를 처음 제시했기 때문이다.

그리고 약 20년이 지난 후 역시 네덜란드 사람인 피터르 드 라 코트 *Pieter de la Court*가 처음으로 본격적인 파인애플 온실재배에 성공했다. 집안 대대로 옷감 무역을 했던 코트는 막대한 재산을 모은 후 1710년에 가문의 사업에서 은퇴해 파인애플 온실재배에 몰두한다. 지금도 대학도시로 유명한 네덜란드의 라이덴에 열대작물 재배에 적합한 온실 식물원을 짓고 파인애플을 키웠는데, 1713년부터 해마다 수백 개씩의 파인애플이 열매를 맺기 시작했다.

코트의 파인애플 재배법은 당시 유럽 전역에서 주목을 받았다. 그가 건설한 식물원은 내부는 스토브 등을 이용해 토양의 온도와 습기를 열대 지방에 가깝게 유지하고 외부에서 뜨거운 연기를 내부로 순환시켜 열

대 지방의 온도와 날
씨를 유지하는 방식
이었다. 이런 열대 식
물원을 유지하기 위
해서는 막대한 자본
이 들었다. 거기에 사
고도 잦아 온실을 몽
땅 태우고 키우던 파
인애플을 불태운 경
우가 한두 번이 아니
었다. 그런 이유로 코
트가 개발한 파인애
플 온실재배가 상업

❖ 파인애플 온실 재배에 성공한 피터르 드 라 코트 초상

적으로 수지맞는 장사는 아니었지만, 그 덕분에 코트는 유럽에서 유명인
사가 됐다.

열대 식물원에는 유럽 전역에서 온 귀족과 대사들이 줄을 이어 방문
했고 심지어 러시아의 표트르 대제 같은 경우는 본인이 직접 여러 차례
파인애플 식물원을 방문했다. 코트는 영국과 프랑스 왕실을 방문해 왕가
와 교분을 맺었는데 프랑스 루이 15세의 결혼식에 직접 재배한 파인애
플을 선물하기도 했다.

코트는 파인애플 재배에 맞는 열대 식물원 건설 노하우를 독점하지
않았다. 사망하기 두 해 전인 1737년에는 파인애플 재배법을 책으로 발

∴ 유럽 귀족 사이에 온실을 짓는 게 유행하자, 1761년 스코틀랜드 던모어의 4대 백작 존 머레이는 파인애플 온실을 짓고 14m 높이의 파인애플 모양 쿠폴라를 세웠다.

간하기도 했고 식물원을 방문한 유럽 각국 왕실과 귀족들에게 재배법을 전수하기도 했다. 덕분에 파인애플 재배 식물원이 유럽 각지로 퍼져 나갔다.

영국에서는 그림 매매로 부를 축적한 매튜 데커가 1719년 전후로 네덜란드의 정원사 헨리 텔렌데를 고용해 특수 열대 온실을 만들어 파인애플을 재배했다. 이 열대 온실은 자갈을 덮혀 열대 기후를 유지하는 방법이었다고 한다. 이어 1723년에는 영국 왕실인 튜더 가문의 장원에다 특수 스토브를 만들어 파인애플을 키웠다. 프랑스는 1730년 루이 15세 때 베르사이유 궁전 식물원에서 파인애플 재배에 성공했고, 러시아는 1796년 에카테리나 여제 때 차르의 개인 식물원에서 파인애플을 키웠다고 한다.

이렇게 열대과일인 파인애플 재배가 유럽으로 조금씩 확산돼 나가기는 했지만 어디까지나 막대한 부와 권력을 지난 왕실과 귀족, 그리고 재벌급 부자들의 호사스런 취미였을 뿐이고 식물원에서 키우는 파인애플 역시 수십 개 내지는 백여 개에 지나지 않았으니 파인애플은 여전히 하늘의 별따기만큼이나 구하기 어려운 과일이었다.

이랬던 파인애플이 대중적인 과일이 된 것은 20세기에 들어서면서부터였다. 가장 큰 공로자로는 파인애플 통조림으로 유명한 회사를 설립한 제임스 돌*James Dole*을 꼽는다. 파인애플이 하와이에 처음 전해진 것은 18세기 스페인 사람들 때문이었지만, 하와이가 파인애플로 유명해진 것은 1899년 하와이로 이주한 돌이 대규모 파인애플 농장을 만들면서부터다. 그는 1901년 돌 파인애플 컴퍼니를 설립해 파인애플을 보급했다.

파인애플이 대중화될 수 있었던 두 번째 요인은 운송수단의 발달을 꼽는다. 유럽에서 파인애플이 귀족들만의 과일, 그래서 시간당으로 돈을 주고 빌리는 장식용 과일이 됐던 것은 카리브해에서 범선으로 운반하기가 힘들었고 열대지방의 조건을 갖춘 온실재배의 코스트가 너무 높았기 때문이었다. 그러다 범선의 시대가 지나고 증기선의 시대가 오면서 그리고 대서양, 태평양 횡단 여객선 화물선이 등장하면서 파인애플 가격이 하락하기 시작한다. 드디어 부자들만의 과일에서 대중의 과일로 바뀌게 된 것이다.

파인애플 무역을 독점한
네덜란드

파인애플이 세계로 퍼지는 과정에서 핵심적이고 중요한 역할을 담당한 것이 네덜란드의 상인들이다.

앞서 언급한 것처럼 유럽에서 처음으로 파인애플 재배에 성공한 아그네스 블록도 네덜란드 사람이고 최초로 체계적인 파인애플 온실재배법을 확립한 사람 역시 네덜란드 상인인 피터르 드 라 코트였다. 또한 영국을 비롯해 프랑스, 러시아 등지로 파인애플 재배법은 물론 파인애플 재배가 가능한 열대 식물원 건설 기술을 전수한 사람들 역시 네덜란드 정원사와 엔지니어들이었다.

뿐만이 아니다. 중국에 파인애플을 전한 것도 네덜란드와 관련 있다.

스코틀랜드 사람인 데이비드 라이트가 1648년에 쓴 책을 보면 대두왕국(大王國)에 파인애플이 있다는 기록이 있다. 대두왕국은 타이완 원주민이 세운 나라로 지금의 타이완 중부지역에 있었다는 왕국이다. 당시 타이완은 네덜란드 동인도회사의 지배 아래 있었으니 타이완에 처음 파인애플을 전한 나라 역시 네덜란드였을 가능성이 높다.

일본 또한 마찬가지다. 일본인이 처음 파인애플을 구경한 것은 1866년 무렵이다. 오키나와 남서쪽에 있는 이시가키섬 앞바다에 타이완을 오가던 네덜란드 선박이 좌초했고, 여기서 흘러나와 표류한 파인애플 묘목이 오키나와에까지 전해진 것이 최초라고 한다. 당시 파인애플 내지 파인애플 묘목이 세계를 무대로 무역을 했던 네덜란드 상인들의 주요 취급 품목 중 하나였음을 보여준다.

그렇다면 파인애플의 세계 전파에 이렇게 네덜란드가 결정적 역할을 하게 된 계기는 무엇일까? 17세기 네덜란드는 해양강국으로 세계의 바다를 주름 잡고 있었다. 게다가 당시 파인애플은 앞서 지적했던 것처럼 개당 가격이 현재 금액으로 수백만 원 내지는 천만 원에 육박했던 값비싼 고부가가치 상품이었다. 그렇기에 이 무렵 파인애플 무역은 네덜란드가 거의 독점하다시피 했다. 그리고 그 중심에는 네덜란드 서인도회사가 있었다. 1602년에 설립된 네덜란드 동인도회사에 이어 1621년에 세워진 네덜란드 서인도회사는 북미 지역과 중미의 카리브해 일대에 수많은 식민지를 건설했는데 대표적인 것이 지금 뉴욕의 전신인 뉴암스테르담이다. 네덜란드 서인도회사는 아프리카에서 노예를 들여와 카리브해에서 사탕수수와 커피, 파인애플 농사를 짓게 했고, 이들은 여기서 나온 고

❖   서아프리카로 출항하는 네덜란드 동인도회사 선박 모습. 아담 윌라에츠의 1608년 작품

부가가치의 농산물을 유럽을 비롯한 곳곳에 판매했다. 그중에서도 파인

애플 무역은 재력이 풍부한 부자 상인들이 담당했으니 실크 무역으로 부

를 축적한 네덜란드 상인의 미망인 아그네스 블록과 섬유 무역으로 재력

을 쌓은 피터르 드 라 코트가 유럽에서 처음으로 열대 식물원을 짓고 파

인애플 재배를 시도했던 배경이다.

네덜란드가 파인애플 전파 및 재배기술을 퍼트리는 데 있어 중심이

었던 또 다른 이유는 이 무렵 네덜란드가 경제 및 무역뿐만 아니라 식물

의 품종개량을 주도하는 육종기술의 중심지였기 때문이다. 이 당시 네덜

란드에서는 튤립의 품종개량뿐만 아니라 당근과 딸기 등의 품종개량이

이뤄졌고, 덕택에 오늘날 현대인들이 맛있는 당근과 딸기를 먹을 수 있

게 되었다.

파인애플 이름에
담긴 의미

파인애플이라는 이름은 사실 솔방울이라는 뜻이다. 파인*pine*은 소나무, 애플*apple*은 사과라는 뜻이니까 우리말로 부드럽게 옮기면 솔방울이다. 파인애플이 소나무 사과이지 왜 솔방울이냐고 반문할 수도 있겠지만, 여기서 애플은 사과라는 뜻보다는 열매라는 의미로 풀이하는 것이 더 어울린다. 옛날 영어권에서는 나아가 유럽 대다수 언어에서는 애플에 사과라는 의미뿐만 아니라 과일 또는 열매라는 뜻이 포함돼있다. 유럽에서는 고대로부터 사과가 가장 흔했던 과일이었기 때문에 '사과=애플'이라는 의미로 굳어지게 됐다고 한다. 파인애플이 소나무 사과가 아니라 소나무 열매, 즉 솔방울이 되는 이유다.

그러면 누가 이런 엉뚱한 이름을 지었을까? 아마 콜럼버스일 가능성이 높다. 중앙아메리카 카리브해의 과델루페섬에서 처음으로 유럽에 파인애플을 전한 사람이 콜럼버스이기 때문이다. 전해지기로는, 신대륙의 낯선 열대 과일을 본 유럽인들이 과일 이름이 무엇이냐고 묻자 콜럼버스는 '피냐 데 인데스*Pina de Indes*', 즉 '인디언들의 솔방울*pine of the indians*'이라고 대답했다고 한다. 그때부터 스페인 사람들은 파인애플을 피냐*pina*, 즉 솔방울이라고 불렀고 이 말이 영어로 전해지면서 파인애플이 됐다는 것이다.

그렇다면 콜럼버스는 신대륙의 낯선 과일을 왜 하필 인디언의 솔방울이라고 불렀을까? 여기에 대해서는 정확한 이유를 알 수 없다. 파인애플의 모양새가 얼핏 커다란 솔방울처럼 생겼기에 인디언의 솔방울이라고 부른 것일 수도 있고 혹은 원주민이 부르는 이름이 유럽인에게는 발음이 어려웠기 때문에 그냥 인디언의 솔방울이라고 했을 수도 있다. 혹은 원주민들이 현지에서 부르는 이름이 스페인어로 솔방울인 피냐와 발음이 비슷했기 때문에 인디언의 솔방울이라고 말한 것일 수도 있다.

콜럼버스가 처음 파인애플을 발견해서 가져왔다는 카리브해 과델루페 원주민들이 파인애플을 무엇이라고 불렀는지는 알 수 없지만, 파인애플 원산지라는 브라질과 파라과이 경계의 원주민 언어인 투피*Tupi*어로는 파인애플을 '나나*nana*'라고 부른다. 훌륭한 열매*excellent fruits*라는 뜻으로, 프랑스어와 독일어 등 상당수 유럽 언어에서는 파인애플을 나나에서 파생된 '아나나*ananas*'라고 부른다.

참고로 파인애플의 한자 이름은 봉황이 먹는 배라는 뜻의 '봉리(鳳梨)' 혹은 페르시아의 쑥(무)이라는 뜻의 '파라(菠萝)'이다. 한자 이름에도 파인애플을 처음 본 사람들의 감탄이 담겨있는 듯싶다.

스
파
이
덕
에
생
겨
난
과
일,
딸
기

왕실 디저트의

꽃

케이크를 비롯해서 과일로 장식한 디저트 중에는 딸기로 꾸민 것들이 많다. 물론 딸기는 색깔이 빨갛고 선명한 데다가 생김새도 앙증맞고 귀엽다. 게다가 맛 또한 새콤달콤해서 디저트 소재로는 안성맞춤이다. 하지만 그게 전부는 아니다. 딸기 디저트의 역사에서 또 다른 배경을 추측해볼 수 있다.

딸기 디저트 중에는 유럽 왕실과 관련된 것들이 유난히 많다. '황후의 딸기Empress Strawberry'라는 디저트가 있다. 쌀로 만든 케이크를 달콤하게 코팅한 딸기와 휘핑크림으로 장식한 후 둘레를 다시 빨간 딸기로 꾸민 디저트다. 19세기 후반 나폴레옹 3세의 황후였던 외제니를 위해 만들었다는 디저트다.

또 다른 황후의 딸기도 있다. 옛 러시아 궁정에서 즐겼다는 디저트로, '스트로베리 차리나Strawberries Czarina'라고 부른다. 차리나는 러시아 황제인 차르의 부인을 칭하는 말이니, 러시아 버전 황후의 딸기다. 파인애플 아이스크림 가운데 딸기를 올려놓고 주위를 생크림으로 장식한 것인데, 1820년 알렉산드르 황제의 요리사가 황후를 위해 만들었다고 한다.

로마노프라는 딸기 디저트도 있다. 로마노프는 옛 러시아 왕족 가문이니 러시아 왕실에서 먹던 디저트였음을 알 수 있다. 딸기를 오렌지주스에 차갑게 적신 후 크림으로 장식한 디저트다.

유럽 왕실뿐만 아니라 부유층이 즐겼다는 유명한 딸기 디저트도 많다. 19세기 유럽의 셰프로 프랑스 요리의 대중화에 기여했다는 에스코피에Escoffier는 다양한 딸기 디저트를 개발했다. 그중에는 세자르 리츠에게 헌정했다는, 핑크빛 퓌레와 크림으로 딸기를 장식한 스트로베리 리츠도 있다. 세자르 리츠는 파리에 리츠 호텔, 런던에 사보이 호텔과 칼튼 호텔을 개장해 19세기 유럽에 고급 호텔 시대를 연 주인공이다.

이렇게 19세기까지만 해도 디저트는 귀족의 요리였다. 그리고 이런 디저트에 사용된 딸기 또한 19세기에는 서민들이 먹기 힘들었던 상류층 과일이었다.

스파이,
야생 딸기를 채집하다

인류가 산딸기가 아닌 지금의 딸기를 먹은 역사는 불과 200년 남짓 밖에 되지 않는다. 무슨 소리냐 싶겠지만 옛날에는 지금과 같은 딸기 대신 야생에서 자라는 산딸기 종류만 있었다. 야생의 딸기는 종류가 엄청나게 많다. 우리가 아는 산딸기, 영어로는 라즈베리라고 하는 나무딸기도 있고, 뱀딸기나 멍석딸기처럼 풀에서 열매를 맺는 풀딸기도 있다. 어쨌거나 이런 야생 딸기는 많았어도 지금 일반적으로 딸기라고 부르는 그런 종류의 딸기는 지구상에 아예 존재하지도 않았다.

이는 딸기가 인공 교배로 생겨난 과일이기 때문이다. 사람들이 야생 딸기 종류를 교배시켜 새롭게 만들어낸 품종이다. 뜬금없긴 하지만 지금 우리가 먹는 딸기는 프랑스 스파이가 간첩활동을 열심히 했던 덕분에 생겨났다. 좀 더 확대해서 말하자면, 18세기 유럽 열강이 열심히 세력 다툼을 벌였기에 지금의 딸기가 나왔다고 볼 수 있다. 그 배경은 이렇다.

때는 1712년이었다. 남북으로 해안이 길게 이어진 남미 국가, 칠레의 해안가 숲속에서 어느 날인가부터 프랑스의 식물학자라는 사람이 야생 딸기를 열심히 채집하고 관찰하는 모습이 눈에 띄기 시작했다. 관찰에 얼마나 열정적이었는지 비가 오나 눈이 오나 바람이 부나 하루도 쉬지 않고 해안가를 샅샅이 뒤지며 야생 딸기 종자를 채집하고 기록했다. 수첩에는 칠레의 야생 딸기와 관련된 각종 기록과 숫자가 마치 암호문처럼 빽빽하게 적혀있었다.

칠레의 야생 딸기를 관찰한 이 프랑스 식물학자의 이름은 아메데 프랑수와 프레지어였다. 지금의 딸기가 생겨나는데 일차적으로 기여한 인물로, 사실 프레지어의 진짜 직업은 교수나 학자가 아니었다. 프랑스 육군 정보국 소속의 현역 중령이었다. 물론 아마추어 식물학자로서 야생 딸기와 관련해 학문적 조예가 깊었고 관련 정보를 수집한 것은 사실이지만, 프레지어가 칠레 야생 딸기를 관찰하면서 수첩에 빼곡하게 적어놓은 기록 중 많은 부분이 군사정보를 적은 암호였다. 칠레 해안가에 설치된 요새와 주둔하고 있는 병력, 대포의 숫자와 병참공급 현황 같은 군사정보는 물론이고 독립 전 칠레를 통치했던 스페인 총독의 근황과 원주민의 움직임까지 정치, 경제, 사회 전반에 걸쳐 모든 정보가 함께 적혀있었다.

아마추어 식물학자이자 현역 군인인 프레지어 중령을 남미에 파견한 사람은 당시 프랑스 국왕 루이 14세였다. 프랑스가 유럽 대륙에서 멀리 떨어진 남미의 칠레에까지 스파이를 보냈던 것은 유럽의 정치판도 때문이었다.

당시 스페인 국왕 필리페 5세는 루이 14세의 손자였다. 때문에 루이 14세는 필리페 5세의 왕권을 유지하고 스페인에 대한 프랑스의 영향력을 유지하기 위해 스페인과 그 식민지의 정보를 수집하고자 했다. 반대파들이 필리페 5세를 몰아내려고 할 경우 즉각적인 무력개입을 하려는 의도였다. 그래서 멀리 칠레와 페루까지 스파이를 보내 군사정보를 수집했던 것인데, 프레지어 중령이 야생 딸기 종자를 열심히 관찰하고 채집했던 것 역시 스파이 활동을 들키지 않기 위한 위장술이었다.

프레지어 중령은 임무를 성공적으로 완수한 후 1714년 프랑스로 귀국했다. 그리고 칠레 해안가 방어기지를 포함한 군사정보가 담긴 지도를 제작해 루이 14세에게 제출했다. 루이 14세가 프레지어 중령에게 금화

❖ 프레지어 중령이 그린 야생 딸기 스케치

1,000냥을 상금으로 내린 것을 보면 그가 그린 군사지도에 아주 만족했던 것으로 보인다.

이후 프레지어 중령은 그동안 위장 활동으로 꼼꼼하게 관찰하고 스케치했던 칠레 해안가 토종 딸기와 관련된 책을 출판했다. 그리고 파리의 정원에 귀국할 때 가져온 칠레 토종 야생 딸기를 심게 된다.

귀족들의 정원을 장식했던 관상용 열매

원래 유럽에서 딸기는 먹는 과일이라기보다는 정원에 심는 관상용 열매에 더 가까웠다. 사실 먼 옛날부터 유럽에서는 딸기를 관상용 나무와 풀로 키웠다. 로마시대의 여류시인 버질의 시에도 딸기가 보이는데 빨간 열매를 장식용으로 심었다고 하고, 중세 유럽 귀족들도 야생의 딸기를 정원으로 옮겨와 관상용으로 키우곤 했다. 심지어 여기에는 달콤한 상상력도 덧붙여졌다.

딸기를 사랑의 여신, 비너스의 열매라 부르곤 했는데, 생김새에 더해 딸기가 장미과의 작물이기에 그 연장선에서 사랑의 징표가 된 것으로 추정한다. 딸기는 또 풍요와 다산을 상징하는 열매였다. 열매에 많은 씨앗을 품고 있기 때문인데 이런 이미지는 지금도 유럽의 민속에 남아있다. 예를 들어 프랑스에서는 첫날밤을 보낸 신혼부부가 이튿날 아침 딸기를 사우어 크림과 곁들여 먹으면 사랑이 깊어지고 자손도 많이 낳는다고 믿는 풍속이 있다.

그러다 보니 딸기나무
는 정원수로 인기가 높았
다. 그래서 유럽 정원사들
은 유럽의 토종 딸기는 물
론 다른 지역의 딸기도 가
져와 재배하는 한편 품종
개량을 시도하기도 했다.
이런 딸기나무 중에는 북
미 대륙에서 가져온 버
지니아 야생 딸기*Fragaria
virginiana*가 있었다. 키가
작고 열매가 단단한 야생
딸기로, 영국인들이 미국

♣　(위) 칠레 야생 딸기 모습
♣　(아래) 버지니아 야생 딸기 모습

대륙을 개척한 17세기에 영국에 전해졌지만 인기가 없어서 널리 퍼지지
는 못했다. 하지만 품종개량이 꾸준히 이뤄지면서 18세기 후반에는 약
30종류의 변종이 생겨났다.

　프레지어가 칠레 야생 딸기*Fragaria chiloensis*를 프랑스 파리로 가져온 것
도 마찬가지 맥락이었다. 칠레 야생 딸기에는 유럽에서 키우던 딸기나무
와 완전히 다른 특징이 있었는데 바로 꽃이 크다는 점이었다. 꽃이 크게
피는 만큼 열매 역시 계란만한 크기의 탐스런 열매를 맺었지만 먹을 수
가 없었다. 게다가 온화한 칠레 해변 기후와 달리 사계절이 뚜렷한 프랑

스에서는 풍토가 맞지 않았기 때문에 잘 자라지도 못하고 열매도 제대로 맺지 못했다. 때문에 프레이저는 다른 야생 딸기와의 인공교배를 통해 품종개량을 시도했지만 별다른 성과를 거두지는 못했다.

이렇게 유럽의 식물학자와 정원사들이 다양한 종류의 야생 딸기를 갖고 품종개량을 시도하는 가운데, 드디어 영국의 식물학자 필립 밀러가 1759년 네덜란드 정원에서 일할 때 남미 칠레의 야생 딸기의 수술과 북미 버지니아 야생 딸기의 암술을 교배시켜 새로운 종자를 얻는 데 성공한다. 이 종자에서는 작은 달걀 크기의 빨갛고 탐스러운 열매가 열렸는데 게다가 식용도 가능했다. 이것이 바로 지금 우리가 먹는 재배용 딸기 *Fragaria ananassa*의 원조다.

야생 딸기에서 현재 딸기로의 발전은 두 종자의 교배, 후손의 교배, 그리고 원 품종과 후속 품종의 재교배 등 오랜 과정을 거쳐서 이뤄졌다. 이렇게 얻은 딸기 중에서 우수한 품종의 묘목을 선별해 대량으로 재배를 시작한 것이 1806년 전후다. 자연에서 자라는 산딸기가 아닌 재배해서 먹는 딸기의 역사가 기껏해야 200년 남짓이라고 말하는 이유다.

18세기 후반 칠레의 야생 딸기와 버지니아 야생 딸기의 교배로 지금의 딸기가 생겨난 이후 유럽 귀족들은 더욱더 딸기와 사랑에 빠졌다. 빨갛고 탐스러운 데다가 예전의 산딸기에 비해 크기도 훨씬 커졌고 게다가 맛까지 있으니 유럽의 귀족과 부자들은 앞다투어 정원과 농장에 딸기를 심었고 여기서 거둔 딸기를 이용한 디저트를 개발하기 시작했다.

나라별로 달라지는
딸기 이름의 의미

나라마다 부르는 이름이 각각 다른 만큼, 언어별 딸기의 어원을 알아보는 것도 나름 흥미로운 부분이 있다. 그 나라에서 옛날에 딸기를 어떻게 바라봤는지 이름을 통해 짐작할 수 있기 때문이다.

먼저 영어 스트로베리*strawberry*다. 어원사전에서는 밀짚, 볏짚을 뜻하는 스트로*straw*와 열매인 베리*berry*가 합쳐진 단어라고 나온다. 뜻풀이 그대로라면 얼핏 밀짚에 딸린 열매라는 뜻으로 이해하기 쉽지만 스트로와 베리의 어원을 고려하면 의미가 다소 달라진다.

먼저 베리*berry*의 어원이다. 영어에는 스트로베리, 라즈베리, 블루베리, 크랜베리 등등 베리가 들어가는 과일 이름이 꽤 많다. 고대 영어에서 베리는 주로 포도*grape*를 뜻하는 단어였다. 원래는 한 송이에 여러 열매가 집합을 이뤄 주렁주렁 달리는 그런 열매를 일컫는데, 실제로 산딸기는 작은 알갱이들이 모여 열매를 구성한다. 또한 스트로는 지푸라기, 그러니까 곡식이 달린 줄기라는 뜻이지만, 고대 영어에서는 추수한 곡식을 마당에 펼쳐놓는다는 의미였다고 한다. 스트로베리는 그러니까 들판에 널리 펼쳐져*scatter* 자라는 송이가 다닥다닥 달린 열매에서 비롯됐다는 뜻이 된다.

독일어로는 딸기가 에르트베레*Erdbeere*다. 에르트는 땅*earth*, 베레는 베리*berry*니 땅에 깔린 풀에서 맺는 열매라는 의미다. 야생 딸기는 크게 두 종류다. 나무에서 자라는 산딸기*Rubus*와 풀에서 자라는 들딸기*Fragaria*인데, 영어와 독일어 이름에는 나무딸기와 구분되는 들딸기라는 의미가 내포되어 있다.

한편 게르만어 계통이 아닌 라틴어 계통 언어에서는 어원이 또 다르다. 딸기는 프랑스어로 프레즈*Fraise*, 스페인어 프레사*Fresa*, 이탈리아어는 프라골라*Fragola*다. 모두 라틴어 프라가*Fraga*에서 비롯됐다. 딸기의 라틴어 학명 프라가리아*Fragaria*도 여기서 나왔다.

로마인들이 딸기를 부른 말인 프라가는 향기롭다는 뜻이다. 고대 로마를 비롯해 이탈리아, 프랑스의 귀족들이 왜 딸기를 정원수로 키웠는지 이름에서 짐작할 수 있다.

또 다른 어원설도 있다. 프라가의 어원이 임신하다는 뜻의 라틴어 프라굼*fragum*에서

❖ 약 1420년~30년경에 그려진 <딸기의 성모 마리아>, 스위스 졸로투른 미술관 소장. 흰색 딸기꽃은 순수함을, 열매는 예수의 잉태를 상징한다.

비롯됐다는 설이다. 씨앗을 품은 딸기 모습이 마치 아이를 잉태한 엄마의 모습을 연상시켰던 모양이다. 중세와 르네상스 시대 유럽인들이 왜 딸기를 성모 마리아의 상징으로 삼았는지, 왜 딸기를 다산과 풍요 그리고 사랑의 심볼로 여겼는지를 연결시켜 생각해볼 수 있는 대목이다.

덧붙여 딸기의 라틴어 학명은 프라가리아 아나나사*ananassa*다. 프리가리아는 들딸기의 학명이고, 아나나사는 파인애플이라는 뜻이다. 해석하면 파인애플 모양의 초본 딸기라는 뜻이겠는데, 파인애플을 닮았다는 작명에서도 역사적 배경을 유추해볼 수 있다.

식물의 라틴어 학명은 18세기 이후 스웨덴의 식물학자 린네에 의해 붙여지기 시작했다. 이 무렵 파인애플은 앞서 이야기한 것처럼 시간당 많은 돈을 주고 임대해 파티 장식용으로 쓸 만큼 비싼 과일이었다. 그런 만큼 파인애플에서 이름을 빌려 딸기의 학명을 지었다는 것은 단순히 생김새가 닮았다는 사실을 넘어, 인공교배로 얻은 새로운 딸기 품종을 얼마나 소중하게 취급했는지를 확실히 보여준다.

인디언들의 양식이었던 블루베리

별똥별이 땅에 떨어져
맺은 열매

옛날 전래 동화 속에서 산딸기가 부모님 치료약이었다면 요즘은 블루베리가 건강을 지켜주는 열매로 인기를 얻고 있다. 그래서인지 현대인들은 블루베리를 많이 먹는다. 즙을 내서 주스로도 마시고 블루베리 열매를 넣은 베이킹과 디저트도 인기다. 심지어 블루베리로 소스를 만들어 요리할 때도 쓴다.

블루베리가 세계적으로 유행하게 된 것은 21세기에 들어와서다. 미국을 시작으로 유럽, 그리고 한국과 일본, 타이완 등으로 순식간에 널리 퍼졌다. 예전에는 우리한테 잘 알려지지 않았던 과일이었던 만큼 사람들한테 인기도 없었고 별로 먹지도 않았을 것 같다. 그러다 어느 날 갑자기 신데렐라처럼 세계적으로 주목을 받으면서 유행을 타게 된 것 같지만, 반드시 그런 것만도 아니다. 지역에 따라서 블루베리는 전설의 열매로 불리기도 했기 때문이다.

블루베리는 북미가 원산지다. 그리고 인디언, 즉 북아메리카 원주민들은 블루베리가 하늘이 내려준 열매, 천상의 과일이라고 믿었다. 밤하늘의 별이 땅에 쏟아져 내려와 블루베리가 됐다는 것이다. 말하자면 별똥별이 땅에 떨어져 열매로 맺은 거라 말할 수 있다. 인디언들이 이렇게 믿은 데는 나름 사연이 있다.

먼 옛날, 인디언 마을에 심각한 흉년이 들었다. 사람들이 굶주리자 하늘의 정령인 '위대한 영혼*The Great Spirit*'이 하늘의 별을 땅으로 보내주었는데 별이 떨어진 자리에서 자란 식물에서 열매를 맺었다. 원주민들은 그 열매를 따먹고 굶주림에서 벗어났다. 그래서 일부 인디언 부족들은 블루베리를 자신들의 언어로 별의 열매, 영어로 옮기면 스타 베리*star berry*라고 불렀다. 블루베리는 꽃이 지면 그 자리에 열매가 열리는데 열매 끝에 달린 꽃받침의 꼭짓점이 5개라서 마치 별 모양처럼 생겼다. 그래서 원주민들은 이것이 바로 하늘의 별이 땅에 떨어져 블루베리가 된 증거라고 믿었다.

물론 북미 원주민들이 이렇게 블루베리 전설을 만들어낸 것은 단순히 그 열매가 부족을 기근에서 구한 구황 식물이었기 때문만은 아니었을 것이다. 원주민들은 야생에서 지천으로 자라는 블루베리를 양식으로 따 먹었다. 뿐만 아니라 블루베리는 만병통치약이기도 했다. 잎을 따서 차로 끓여 마시면 피가 맑아진다고 믿었고, 열매를 짜 즙을 마시면 기침이 멈추니 감기에 특효약이라고 여겼다. 게다가 블루베리 즙으로 고기를 재어 놓으면 장기간 보관이 가능하기 때문에 블루베리에는 마법의 힘이 들어 있다고까지 생각했다.

블루베리는 인디언뿐만 아니라 개척시대 미국인에게도 구원의 양식이었다. 메이플라워호를 타고 미국에 도착한 초기 정착민들이 첫 해 겨

❖ 미셸 펠리체의 <순례자의 상륙>, 백악관 소장. 북미 대륙에 도착한 청교도들을 실은 배와 그들을 맞이하는 호의적인 인디언 부족 모습

울을 버틴 것은 원주민들이 먹는 법을 알려준 음식 덕택이었는데, 여기에는 블루베리 파이도 포함되어 있었다.

이들은 인디언들이 호숫가에 야생으로 자라는 블루베리를 추수하고 그 열매를 말려 가루로 낸 후 음식으로 활용하는 것을 보고 배우면서 낯선 땅에서 정착 생활을 시작했다. 인디언들이 믿는 정령, '위대한 영혼'이 아메리카 원주민뿐만 아니라 미국인의 조상까지도 구원했던 것이다.

독일 비행기를 격추시킨
빌베리의 힘?

유럽에서도 옛날부터 블루베리가 몸에 이롭다는 속설이 있다. 블루베리는 북미에서 주로 자라는 열매였으므로, 정확하게 말하면 비슷한 종류의 열매 빌베리Bilberry에 대한 속설이다.

생김새만으로는 블루베리와 구분이 어려운 빌베리를 놓고, 유럽에서는 민간요법으로 이 열매를 먹으면 마음이 편해지고 기침이 멈추며 눈이 밝아진다고 믿었다. 덕분에 제2차 세계대전에서 빌베리는 뜻하지 않은 전공을 세우며 나치 독일의 공습으로부터 영국을 구하는 데 일조를 했다. 영국 공군이 빌베리를 먹으면 시력이 좋아진다는 속설을 활용했던 덕분이다.

2차 대전 당시 영국과 독일 공군 조종사들은 하늘에서 직접 눈으로 적기를 찾아 공중전을 벌였다. 그러니 한밤중 영국을 기습폭격하려고 날아오는 독일 폭격기를 육안으로 찾아내 격추시키는 것은 결코 쉬운 일이 아니었다. 그런데 어느 때부터인가 영국 공군이 야간에 바다를 건너 은밀하게 침투하는 독일 폭격기를 쉽게 찾아내기 시작했다. 별빛 하나 없는 캄캄한 밤이었음에도, 영국군은 대낮에 지켜보고 있는 것처럼 정확하게 위치를 파악해 추적하고 쫓아와 독일군을 격추시켰다.

독일 정보당국이 스파이를 동원해 원인을 파악도 하기도 전에 소문이 돌았다. 영국 조종사들이 출격하기 전에 빵에 빌베리 잼을 듬뿍 발라 먹었기 때문이라는 것이다. 덕택에 어두운 밤하늘에서 평소보다 몇 배 더 쉽게 물체를 식별할 수 있게 돼 야간에 공격 목표가 훨씬 잘 보이더라는 경험담이 입소문을 타고 퍼졌다.

좀 더 구체적인 이유도 알려졌다. 빌베리에는 각종 비타민을 포함해 다양한 영양소가 함유되어 있는데 특히 안토시아닌이라는 성분이 시력

❖ 1941년 영국. 전투 직후 왕립 옵저버 군단 항공기 정찰병을 담은 사진

향상에 도움이 된다는 것이었다. 안토시아닌은 로돕신의 생성을 돕는데, 로돕신은 안구 망막으로 들어오는 빛의 정보를 뇌에 전달하는 핵심 색소였다.

하지만 이런 소문을 퍼트린 주역은 영국 공군이었다. 사실 야간에 침투하는 독일 폭격기를 정확하게 탐지했던 비결은 레이더 덕분이었지만, 당시 독일은 영국이 레이더를 실전 배치했다는 사실을 알지 못했다. 시간을 벌고 싶었던 영국은 갑자기 적기를 족집게처럼 찾게 된 이유를 감추려고 거짓 정보를 흘려야 했는데, 빌베리에서 그럴듯한 이유를 찾았다. 옛날부터 사람들이 빌베리에 대해 일종의 환상을 품고 있었던 덕분에 가능한 일이었다. 당연한 말이지만, 제2차 세계대전 당시 영국 공군 조종사들이 빌베리 덕분에 야간 공중전 수행능력이 향상됐다는 공식 기록은 어디에도 없다.

우리나라 토종 블루베리, 들쭉

북한이 자랑하는 술, 그래서 남한에도 많이 알려진 술로 백두산 들쭉술이 있다. 남북정상회담이나 남북 이산가족상봉 같은 행사에 빼놓지 않고 등장하는 술이다. 그런데 들쭉이 도대체 무엇일까?

남한에서는 찾아보기 힘든 식물이기에 그 정체를 궁금해하는 이들도 적지 않은데, 쉽게 말하면 동북아의 토종 블루베리 종류다. 영어 이름노

보그 빌베리*bog bilberry*로 보그는 습지라는 뜻이다.

들쭉이 블루베리 종류라고 하니까 왠지 낯설게 느껴지지만, 블루베리는 식물분류 체계상 진달래과 산앵두나무 속의 식물이다. 한반도에는 같은 산앵두나무 속으로 토종 블루베리라고 할 수 있는 열매가 몇 종류 있는데, 그중 대표적인 것이 산앵두나무와 정금나무, 그리고 들쭉나무다.

들쭉은 이 들쭉나무의 열매다. 생긴 모습도 블루베리, 빌베리와 닮았는데 백두산을 비롯해 한반도 북부 고산지대와 만주 일대에 자생하는 식물이다. 남한에서 널리 알려지지 않았던 이 유도 주로 북쪽 고원지대에서만 자라는 식물이었기 때문이다.

조선시대 문헌에도 들쭉 관련 기록을 여러 군데서 찾아볼 수 있는데 하나같이 백두산 일대의 특산물로 기록하고 있다. 먼저 18세기 말 조선 후기의 실학자 안정복은 『순암집』에서 갑산의 들쭉(豆乙粥)과 삼수의 뱀딸기(地粉

♣ 한반도 북부와 만주 일대에 자생하는
들쭉나무와 열매 모습

子)는 현지의 진귀한 산물로 그 맛이 매우 좋다(味絶品)고 적었다. 삼수와 갑산은 "삼수갑산을 가더라도 할 말은 하겠다"고 할 때의 바로 그곳이며, 백두산 아래쪽에 있는 험지로 소문났던 마을 이름이다. 들쭉이 옛날부터 백두산 일대의 특산물이었음을 보여준다.

역시 조선 후기인 19세기 초, 함경도 일대를 여행한 홍의영이 쓴 『북관기사』에서도 함경도 무산에서는 들쭉이 많이 생산되는데 그 나무는 작고 왜소하지만 열매가 매우 많이 열리고 마치 능금과 같이 맛이 달다고 하면서, 그러므로 육진(六鎭)에서는 이것을 상품으로 친다고 기록했다.

역시 19세기 초, 성해응의 『북변잡의』에도 들쭉에 관한 기록이 보이는데 생김새는 야생의 포도와 비슷한데 크기는 더 작고 맛은 달지만 떫다면서 성질이 따뜻해 비위를 보완해주며 현지인들은 이 열매를 매우 귀하게 여긴다(土人珍之)고 했다.

백두산 일대에서만 자라는 희소성 때문인지 혹은 블루베리처럼 몸에 좋은 열매라고 여겼기 때문인지, 효심이 깊기로 소문났던 정조는 어머니 혜경궁 홍씨의 생일 잔칫상에 들쭉 수정과를 차렸다는 기록도 있다.

그러고 보면 별이 내려와 열매가 된 북미의 블루베리나 야간 투시경 역할을 한 유럽의 빌베리 못지않게 들쭉 또한 우리한테는 전설 같은 열매가 아닐 수 없다.

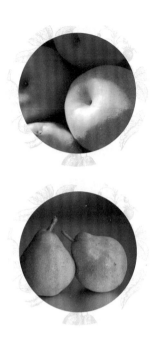

먹으면 신선이 된다는 과일, 배

동서양을 넘나드는

신들의 과일

배는 사과와 짝을 이루는 과일이다. 마치 자장면과 짬뽕의 관계 같다. 둘
다 가을을 대표하는 과일이기 때문인지 어딘지 모르게 짝을 이룬다. 공
통점도 꽤 있다. 일단 신화 속에서는 둘 다 낙원의 과일이다. 이유야 어쨌
든 옛날 서양에서는 사과를 에덴동산에서 자라는 신악과라고 믿었다. 배
도 마찬가지다. 동양과 서양 모두에서 배는 신들이 사는 곳에서 자라는

나무의 열매였다. 심지어 동양에서는 배를 먹은 인간이 신선이 됐을 정도다. 인류에게 배는 어떤 과일이었을까? 옛날 사람들은 배에 대해 어떤 환상을 품고 있었을까?

기원전 2세기, 한 무제 때 삼천갑자 동방삭이 편찬했다는『신이경(神異經)』이라는 책이 있다. 여기에 특별한 나무가 나온다. 높이는 백 장(丈)이고 잎은 길이가 한 장(丈)이며 폭은 6~7척(尺)이다. 2,200년 전 도량형을 지금의 기준으로 직접 환산하기는 어렵지만 어쨌든 지금의 미터법으로 환상하면 나무 높이가 대략 300m, 잎의 길이는 3m, 폭은 2m에 이르는 자이언트 나무다. 현재 지구상에 존재하는 최고로 키 큰 나무가 캘리포니아의 레드우드로 그 높이가 대략 100m니까 이보다도 3배나 크다.『신이경(神異經)』에서는 이 나무의 이름을 배나무(梨)라고 했다.

열매에 대한 설명도 있다. 열매의 크기는 3척이고 쪼개면 속이 박처럼 하얗다(剖之

∴ 『신이경(神異經)』을 편찬한 동박삭 초상

少瓠 , 白如素). 이 과일을 먹으면 산속의 신선이 될 수 있으며 옷을 입어도 해지지 않고(衣服不敗), 곡식을 먹지 않아도 되며 물과 불 속으로도 능히 들어갈 수 있다. 무슨 까닭인지 배를 마치 전설 속 나라, 신비한 나무에서 열리는 마법의 열매처럼 묘사해놓았다. 참고로 몇몇 대목의 한문 원문을 함께 표기한 이유는 우리말과 일본어 배의 어원과 관련이 있을 수도 있기 때문이다.

4~5세기 동진(東晉) 때 쓰여진 것으로 추정되는 『한무내전』에도 배는 하늘나라의 열매로 나온다. 하늘에는 약이 있으니 어둠 속에서 빛나는 배라는 과일(太上之藥 有玄光梨)이라고 적혀있다. 해석하면 우주 최고의 과일이라는 말인데 곤륜산에 사는 최고의 여신 서왕모가 이런 배(玄梨)를 먹고 불사의 여신이 됐다고 한다.

이밖에도 옛 중국 고전에는 배를 신들의 과일로 여겼던 글들이 숱하게 보이는데 허황되고 터무니없는 소리처럼 들리긴 하지만, 1,500년 전 옛날 중원에서 살던 사람들이 배라는 과일에 대해 갖고 있는 인식을 엿볼 수 있다.

배라는 과일을 놓고 환상을 품었던 것은 비단 동양에서뿐만이 아니다. 서양 역시 마찬가지였고 어떤 면에서 그 뿌리가 더 깊을 정도다.

기원전 9세기 그리스 시인 호머는 『오디세이』에서 배를 신의 정원에서 기르는 과일로 묘사해놓았다. 오디세우스가 파이아케스*Phaeacians*인들이 사는 나라에 들렸을 때 신전의 정원에서 자라는 배를 보았다고 나온다. 정원에는 배와 함께 석류, 무화과, 올리브나무 등이 자라는데 모두 신의 선물에 해당되는 과일로 그려져 있다.

배를 특별한 과일로 여겼던 것은 우리 역시 예외가 아니었다. 김부식의 『삼국사기』에는 서기 546년의 고구려 양원왕 2월 왕도에서 두 그루의 배나무가 서로 가지가 이어지는 연리지 현상이 있었다고 기록한다. 삼국시대 이전부터 한반도에 배나무가 자랐음을 보여주는 대목이기도 하지만 서로 다른 두 나무의 가지가 이어지면서 하나가 되는 연리지 현상을 통해 배나무가 범상치 않은 나무, 상서로운 나무라는 것을 상징적으로 보여주고 있다.

『삼국유사』에도 8세기 때인 신라 제36대 왕인 혜공왕 때 재상인 각간과 대공 집 배나무 위에 참새가 셀 수 없을 정도로 많이 날아왔다는 기록이 보인다. 삼국시대 때 집에서 배나무를 키웠다는 팩트와 함께 배를 특별한 과일로 여겼다는 상징성을 읽을 수 있다.

전설의 함소리부터
조선 곳곳 명산지까지

옛날 동양에서는 배를 하늘의 과일, 신선의 열매로 여겼으니 그 맛에도 환상을 품었다. 그러다 보니 전설처럼 전해져 내려오는 유명한 배가 있었으니 '함소리(含消梨)'라는 배다. 이 배는 향이 그윽한 데다가 물이 아주 많아서 한입 깨물면 입안에서 파도가 친다고 한다. 그래서 입에 물면(含) 물처럼 사라진다고(消) 해서 이름도 함소리가 됐다.

조선 초, 재상을 지낸 서거정의 문집인 『사가집』에 이 배를 노래한 시

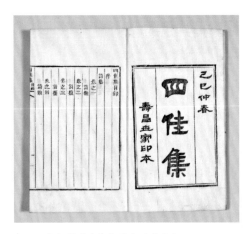

가 실려있다.

"향기로운 배 살지고 부드러운 것이 함소리로다 / 올해 한양 시장의 배 값이 비싸지만 / 귀하기도 하여라 / 친구가 자주 보내주는데 / 한입 씹으니 혀 밑에 파도가 이는 걸 알겠구나."

사실 함소리는 중국 고사에 나오는 전설의 배다. 6세기 북위 사람인 양현지가 쓴 『낙양가람기』에 그 이름이 나온다.

"낙양 보덕사라는 절 주변에 과수원이 있는데 이곳에 진귀한 과일이 열렸다. 그중에서 대곡이라는 곳의 함소리라는 배는 무게가 열 근이나 나가는데 나무에서 땅으로 떨어지면 전부 물이 되어 사라진다."

이후 함소리는 물 많고 맛있는 배의 대명사가 됐으니 『본초강목』에는 향기로운 즙이 넘치는 최상품의 배로 능히 병도 치료할 수 있다고 적었다. 역시 명나라 문헌인 『오잡조』에 "양신이라는 사람이 어느 날 풍토병에 걸렸는데 사람들이 모두 치료가 불가능하다고 이야기했지만 함소리라는 배를 먹으면 나을 수 있다"고 했다.

또 다른 전설의 배로는 '교리(交梨)'가 있다. 맛있기는 엄청 맛있었나 보다. 조선 중기 이응희는 『옥담시집』에서 "깨물어 먹으면 눈을 입에 머금은 듯 / 삼키면 서리를 먹는 것 같네 / 속세의 번뇌가 사라지니 / 굳이 신선의 음료를 마실 필요가 없네"라고 노래했다.

이렇게 맛있으니 교리는 사람들이 먹는 보통 배가 아니라 신선들이 먹는 과일이라고 여겼다. 6세기 중국 양나라 때 의사이자 도교 사상가였던 도홍경이 쓴 도교 경전인『진고(眞誥)』를 보면, 교리는 대추인 화조(火棗)와 함께 하늘을 날 수 있는 약이라며 금단(金丹)도 여기에 비할 바가 아니라고 했다. 금단은 먹으면 죽지 않고 신선이 될 수 있다는 약이다.

전설의 배까지는 아니어도, 이름이 알려진 배는 꽤 많다. 조선후기 실학자 이규경은 황해도 신계와 곡산은 난리(爛梨)가 유명하고 황주와 봉산은 설향리(雪香梨)가 좋다고 했다. 황해도가 배로 유명했다는 것인데 '난리'는 껍질이 얇고 맛이 아삭아삭한 품종이라고 했으니 지금의 신고 배와 비교된다. 설향리는 눈처럼 하얗고 향기가 퍼지는 배라는 뜻인데 자세한 기록은 남아있지 않다.

광해군 때 허균은『도문대작』에서 하늘에서 내려 보냈다는 천사리(天賜梨)를 꼽았다. 이 배는 열매가 사발만하며 맛이 달고 연하다고 평했다. 또 강원도 정선에는 금색 배가 나고 평안도는 검은 배가 자라며 석왕사에는 붉은 배가 있으니 예전 조선은 전국이 배 명산지였던 모양이다.

요 리 재 료 로
쓰 이 는 배

배의 원산지는 동쪽으로는 중앙아시아 천산산맥 구릉지대, 서쪽으로는 코카서스산맥 아래쪽으로 본다. 지금의 카자흐스탄, 우즈베키스탄 그리고 아르메니아, 아제르바이잔 지역이다. 옛날 동양에서 서역이라고 부르던 곳이다. 여기서 동쪽으로는 중국과 한국을 거쳐 일본으로, 서쪽으로는 그리스, 로마를 거쳐 유럽 전역으로 퍼졌다. 기원전 9세기 호머의 오디세이에 배에 대한 이야기가 나오니 최소한 3,000년 이전이다. 이후 배는 서쪽으로 전해진 조롱박 모양의 서양배와 동쪽으로 전해진 북방형인 중국배, 남방형인 한국, 일본배로 나누어진다.

그런데 동양에서 배는 주로 과일로 진화한 반면 서양에서는 과일이면서 동시에 요리 재료로 쓰였다. 특히 로마시대 이후부터는 음식 만들 때 배를 사용한 흔적이 많이 보인다.

이를테면 기원전 2세기 때의 카토Cato는 저서『농업론』에 배 재배법을 기록하면서 6개의 배 품종이 있다고 언급했다. 이 무렵만 해도 로마에서 배가 요리 재료로 쓰였는지 여부는 분명치 않다. 그런데 기원전 1세기부터는 배의 사용 용도가 확실히 달라진다.『플루타크 영웅전』「小카토의 일생」에는 기원전 1세기 사람인 카토의 증손자 소 카토가 연극배우들에게 선물을 주면서 그리스인에게는 붉은 무beets와 상추, 무 그리고 배를 주고 로마인에게는 와인 한 항아리와 돼지고기, 무화과, 멜론을 지급했다고 나온다. 그리스 출신 연극배우에게 준 선물은 모두 채소 내지는 음식 재료였으니, 배 역시 식재료로 쓰였던 것이 아닌가 싶다.

서기 1세기 후반의 정치인이자 박물학자 플리니우스 또한『박물지』에서 배는 꿀과 함께 스튜로 끓인다고 언급한 구절이 있고 역시 1세기 무렵의 음식저술가로 유명한 아피키우스도 저서『요리에 관하여』에 배 수

프에 대한 기록을 남겼다.

기원전 1세기와 서기 1세기는 로마제국이 전성기에 접어들었을 때다. 이 무렵 배 요리가 집중적으로 보이는데 부유해진 로마 상류층에서 귀한 과일인 배를 이용한 요리를 만든 것인지, 혹은 이때부터 배가 흔해져 음식 재료가 된 것인지는 확실히 알 수 없다. 다만 로마시대부터 지금까지 서양 배는 과일인 동시에 음식 재료로 많이 쓰인다.

반면 우리나라에서는 배를 음식으로 먹는 경우가 드물다. 과일로 먹을 뿐 배를 이용해 만든 음식은 별로 없다. 냉면을 먹을 때 배 한 조각을 얹어 시원한 맛을 더하거나 동치미, 나박김치 등에 넣는 경우가 대부분이다. 아니면 궁중요리라는 배 수정과인 이숙(梨熟)처럼 특별한 고급 음료 정도다.

그런데 옛날에는 배를 쪄서 먹는 경우도 많았던 모양이다. 사실 옛날에는 야생의 돌배나 산에서 자라는 산배를 주로 먹었을 것이니, 요리를 하지 않으면 먹기가 힘들었을지도 모른다.

고려 말 목은 이색의 시에 삶은 배를 먹는 구절이 보인다.

"시루에 푹 삶은 배를 / 서당에서 마음껏 맛보니 / 약간의 신맛이 혀끝에 돌고 / 남은 열기로 뱃속이 뜨끈 / 배고픈 생각 어느새 사라지고 / 졸음 역시 멀리 사라지니 / 생각나네, 연경의 깊은 밤 / 배가 먹고 싶어 담장에서 소리치던 기억이."

그래도 역시 좋은 배는 아삭아삭 신선하게 과일로 먹는 것이 최고다. 그래서 생리증식(生梨蒸食)이라는 사자성어까지 생겼다. 날로 먹어야 할 맛있는 배를 쪄서 먹는다는 말로, 쓸데 없는 짓을 하는 답답한 사람, 뭐가 좋고 그른지 동서남북 구분을 못하는 사람을 두고 하는 말이다.

광해군 때 이수광이 『지봉유설』에서 언급한 말인데 사실 출처는 따로 있다. 송나라 때 유의경이 쓴 『세설신어』에 나오는 애리증식(哀梨蒸食)에 근거를 두고 있다.

4세기 진(晉)나라 때 대장군을 지낸 항남군 환온(桓溫)은 답답한 사람을 보며 화를 낼 때 "애씨 집 배도 삶아 먹을 놈"이라고 욕을 퍼부었다. 그 사연은 이렇다. 한나라 말 애중(哀仲)이라는 사람 집에 커다란 배나무가 있었다. 여기서 열리는 배는 특별히 크고 맛있기로 소문났다. 한입 깨물면 부드러우면서도 아삭아삭하게 씹히는 것이 입 속으로 들어가자마자 사르르 녹는다고 했다. 그래서 당시 사람들이 특별히 맛있는 배를 애씨 집 배라고 했는데 이런 맛있는 배를 돌배처럼 쪄서 먹겠다는 사람이라며 답답해했던 것이다.

감으로 배고픈 백성을 살리다

알고 보니

구황음식

우리 전래동화를 보면 세상에서 제일 무서운 것은 곶감이다. 그렇게 울어대면 호랑이가 잡아 간다는 말에도 울음을 그치지 않던 아이가 곶감 준다는 말에 울음을 뚝 그친다. 그 모습을 본 호랑이가 곶감이 자신보다 더 무서운가 보다며 줄행랑을 놓았다는 이야기는 너무도 유명하다. 아이는 왜 곶감 준다는 말에 울음을 그쳤을까? 현대의 해석으론 곶감이 그만

❧ 1368년부터 1398년까지 재위한 명나라 황제 주원장 초상

큰 맛있기 때문이란다. 하지만 호랑이가 잡아간다는 위협으로도 아이의 울음을 달랠 수 없었다면, 진짜 원인은 배고픔 때문이었을 수도 있다. 식량은 부족하고 그렇기에 밥 대신 곶감 준다는 한마디에 단박에 울음을 그쳤던 것일 수도 있다.

감은 고대로부터 배고픔을 해결해주는 과일이었다. 일종의 구황음식 역할을 했다. 중국에도 관련 속설이 전해진다. 감이 명 태조 주원장을 살렸다는 이야기다.

소작농의 아들로 태어난 주원장은 참담한 어린 시절을 보냈다. 열일곱 살 되던 해인 1344년, 중국을 휩쓴 기근에 부모와 형이 전염병과 굶주림으로 죽었다. 주원장은 배고픔을 해결하려 탁발승이 되어 구걸하다 홍건적 무리에 들어가 도적이 됐다.

거지처럼 지내던 시절, 겨울이 오기 전 땅에 서리가 내릴 무렵이었다. 며칠을 굶어 쓰러지기 일보 직전에 한 마을을 지나다 감나무를 발견했다. 가지를 꺾어 감 십여 개를 따 먹고 간신히 허기를 면해 목숨을 구했다. 훗날 황제가 된 주원장이 이 마을을 지나다 그때 그 감나무가 서있는 것을 발견했다. 반가움에 감나무를 끌어안고 통곡을 하니 신하들이 이유를 물었다. 그러자 옛날이야기를 들려주며 이 감나무가 없었다면 지금의 자신도 없었을 것이라며 입고 있던 곤룡포를 벗어 감나무를 덮어주면서 벼슬을 하사했다.

우리나라 충청도 보은의 속리산 정이품 소나무처럼 민간에서 전해져 내려오는 이야기인데 내용의 본질은 굶어 죽어가는 사람이 감 덕분에 살아났다는 게 아닐까 한다.

이런 전설 때문인지 중국 일부 지역에서는 겨울이 시작되는 절기로, 서리가 내린다는 상강 무렵에 감을 먹는 풍속이 있다. 이날 감을 먹으면 겨울철 추위를 막고 배불리 지낼 수 있다고 한다.

한 걸음 더 나아가 설날인 춘절에 감을 먹기도 한다. 새해 감을 먹으면 일 년 내내 배고프지 않고 원하는 대로 일이 풀린다는 것이다. 그리고 그 이유를 같은 발음의 글자로 의미를 부여하는 중국 특유의 해음(諧音)으로 설명하기도 한다.

모든 일이 뜻대로 풀리는 것을 중국어로는 '스스루이(事事如意)'라고 하는데 일 사(事)와 감 시(柿)가 중국말로는 모두 '스'로 발음이 같다. 때문에 감을 먹는다는 것도 중국말로 스스루이(柿柿如意)가 되니 일이 뜻대로 풀리라는 의미가 된다. 관련해서 동양화를 보면 감 2개를 그려넣은 그림이 있는데 만사 뜻대로 이뤄지라는 의미가 있다. 그래서 이런 그림을 선물하는 것은 원하는 대로 일이 풀리라는 덕담의 의미다.

서민들이 우리나라의 곶감과 호랑이 설화나 중국의 주원장을 구한 감 이야기, 감을 먹으면 일이 술술 풀린다는 등의 다양한 속설을 만들어냈다면, 양반들은 감을 또 다른 상징으로 칭송했다.

옛날부터 감에는 일곱 가지 덕이 있으니 이른바 칠절(七絶)이 그것이다. 첫째는 수명이 길다는 것이고, 둘째 그늘이 짙으며, 셋째 새가 둥지를 틀지 않고, 넷째 벌레가 생기지 않으며, 다섯째 가을 단풍이 아름답고, 여섯째 열매가 맛있으며, 일곱째 낙엽이 거름이 된다는 것이다.

감나무에는 또 오상(伍常)의 덕이 있다고도 했다. 잎에 글씨를 쓸 수 있기에 문(文)이 있고 나무가 단단해 무기를 만들 수 있어 무(武), 과일의 겉과 속이 동일하게 붉으니 충(忠), 치아가 부실한 노인도 먹을 수 있어 효(孝), 서리가 내리는 늦가을까지 열매가 열리니 절개(節)의 상징으로 삼기도 했다.

감나무 하나를 놓고 별별 의미를 다 부여해가며 예찬을 펼친 걸 보면, 옛 사람들에게 감이 그만큼 유용한 과일, 양식 대신 먹을 수 있는 귀한 식량과 같은 열매라 볼 수 있을 것이다. 뿐만 아니라 옛 사람들은 감을 건강의 상징으로도 삼았다. 감나무에는 우주를 구성하는 다섯 가지 색, 즉 오방색(伍方色)이 모두 포함되어 있다. 나무는 검고(黑) 잎은 푸르며(靑) 꽃은 노랗고(黃) 열매는 붉고(赤) 곶감은 가루가 흰색(白)이니, 동서남북 중앙의 상징색이 모두 있어 우주가 운행하는 기운이 감나무 속에 완전하게 녹아있다는 것이다.

그렇기에 옛 사람들은 감에 이질과 설사를 치료해주는 등의 다양한 약효가 있다고 믿었다. 그래서 우리나라와 일본에서는 돌팔이 의원이 감을 보고 얼굴 찡그린다, 감이 빨갛게 익으면 의원 얼굴이 파랗게 질린다는 등등의 속설이 생겼다.

감으로
왕을 죽였다?

맛도 좋고 몸에도 좋다는 감이지만 호사다마라고 좋은 일에도 마가 낄 수 있으니 조심해야 할 부분이 있다. 옛 사람들은 감을 먹을 때 함께 먹으면 좋지 않은 음식이 있다고 경고했다.

광해군 때 문헌인『지봉유설』에서 의원들이 이르기를, 홍시는 술과 함께 먹으면 안 되고 또 감과 배는 게와 함께 먹으면 좋지 않으니 물성이 서로 상반되기 때문이라고 했다. 심지어 게와 감을 같이 먹으면 복통을 일으켜 사망할지도 모른다고 믿었다.

소문에 의하면 조선 제20대 임금인 경종이 그렇게 사망했다고 한다. 경종은 즉위한 지 4년만인 1724년 8월 25일 승하했다. 사망 추정 원인은『조선왕조실록』경종 4년 8월 20일과 21일의 기록에 보인다.

"어제 임금이 게장과 생감을 드셨다. 밤새 가슴과 배가 뒤틀리는 것처럼 아파했다. 게와 감은 의사가 꺼리는 것이다."

게장을 먹고 체한 것을 경종이 사망한 원인으로 본 것인데, 세제였던 이복동생 영조가 형인 경종에게 게장을 보냈다는 이야기가 돌면서, 영조는 평생 경종을 독살했다는 소문을 안고 가야만 했다. 이런 음모론에는 배경이 있었으니 숙종과 장희빈 사이에서 태어난 경종은 극심한 당쟁에 휘말렸던 왕이다. 경종은 소론의 지지를 받았고 이복동생이며 무수리의 아들인 영조는 노론이 후원했다. 1721년 영조가 세제로 책봉된 후 노론이 경종의 병약함을 이유로 세제의 대리청정을 건의하는 일이 있었다. 경종은 이를 받아들였지만 소론의 극렬한 반대로 다시 친정을 했는데 이때 노론 대신들이 대거 숙청당했다. 신임사화다.

정쟁이 그치지 않아 정치가 극도로 불안한 시기였고 세제였던 영조 역시 집권세력인 소론의 반대로 자리보존 자체가 불안했다. 언제 폐세제가 돼 쫓겨날지 모를 상황이다 보니, 경종이 영조가 보낸 생감에 의해 독

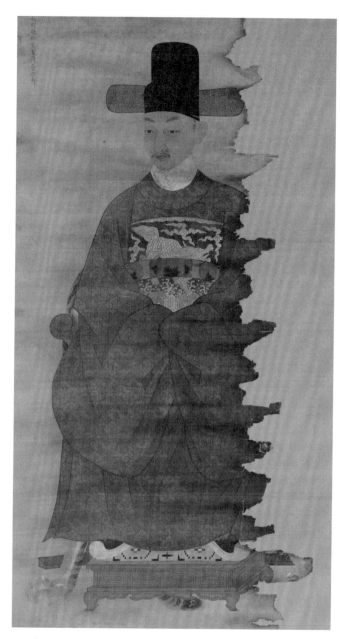

❖ 경종에게 게장을 보냈다는 연잉군 시절의 영조 초상

살 당했다는 음모론이 나온 것이다.

어쨌든 경종의 승하로 결국 영조가 왕이 됐지만 일부 소론 세력과 급진 남인이 손을 잡고 반발하자 영조가 대대적인 숙청을 단행했다.

이때 숙청의 빌미가 된 것 역시 독살설이다. 소론 인사인 이천해가 경종의 승하 이유로 동궁전에서 보낸 게장과 감을 먹고 임금이 죽었다는 소문을 퍼트려 마치 영조가 형을 독살할 것처럼 모략을 했다며 역모 죄로 몰아 소론 일파를 제거했다.

관련해서 『조선왕조실록』 영조 31년의 기록을 보면, "역적 신치운의 게장에 관한 심문 기록을 보면 더욱 가슴이 섬뜩하고 뼈가 시려서 차마 들을 수가 없다. 황형(경종)께 게장을 진어한 것은 동궁전에서 보낸 것이 아니고, 주방에서 올린 것이라는 사실도 나중에야 알았다"고 나온다.

어쨌거나 미국에서는 초대 대통령 조지 워싱턴을 토마토를 먹여 독살하려 했다는 음모론이 있었고 조선에서는 감과 게장으로 경종이 독살됐다는 소문이 돌았으니, 애꿎은 과일에다 별별 음해를 한 모양이다.

고 향 가 는 걸
잊 게 만 드 는 열 매

감 관련 속설이 많다는 것은 뒤집어보면 그만큼 익숙한 과일이었다는 소리다. 사실 감은 가을철 우리나라에서 가장 흔하게 볼 수 있는 과일이다. 추석 그림만 봐도 초가집 지붕 위로 둥근 보름달이 떠있고 담장 너머에는 감이 주렁주렁 달린 감나무가 서있다. 전형적인 한가위 이미지가 아닐 수 없다. 그만큼 감은 우리에게 친숙한 과일이지만, 한편으론 동북아시아 전체적으로 익숙한 과일이기도 하다.

실제로 감은 동북아시아에서 유럽으로 퍼진 과일이다. 독일과 프랑스, 이탈리아와 스페인 등 유럽 대부분 국가에서는 감을 모두 그 나라 발음으로 카키*kaki*라고 부른다. 감의 라틴어 학명도 디오스피로스 카키 *diospyros kaki*다.

카키는 일본말로 감이라는 뜻이다. 감이 일본을 통해 유럽에 퍼졌기 때문이다. 미국에는 1870년, 프랑스에는 1789년에 전해졌다. 일본을 오가던 서양의 무역상과 선교사가 일본에서 동양 과일인 감을 처음 보고 그 종자를 가져다 심었다. 대부분의 유럽어에서 감을 일본말 그대로 카키라고 부르는 까닭이다.

반면 영어로 감은 퍼시몬*persimmon*이다. 영어에서 감을 카키 대신 퍼시몬이라고 부르는 이유는 1870년 일본에서 가져온 아시아 감이 퍼지기 전에 미국과 영국에는 이미 다른 종류의 감이 있었기 때문이다.

영어 퍼시몬*persimmon*의 어원은 북아메리카 동부지역에서 살았던 원주민 인디언들이 쓰던 언어인 알곤킨어에서 비롯됐다. 인디언들은 북미 토종 감나무의 열매를 말려서 식량으로, 또 간식으로 먹었다. 일종의 곶감을 만들어 먹었던 셈이다. 이들은 이 열매를 푸차민이라고 불렀다. 이 말이 영어로 흘러들어가 퍼시몬이 된 것인데 바꿔 말하면 초기 정착민들이 원주민의 과일이자 식량인 토종 감을 널리 먹었다는 뜻이 된다. 퍼시몬이라는 말이 이미 쓰이고 있었기에 일본어 카키가 끼어들 틈이 없었던 것이다.

참고로 북미 원주민이 먹었다는 토종 감*diospyros virginiana*은 우리가 먹는 아시아 감*diospyros kaki*과는 아예 종이 다르다. 감나무 속에 속하는 나무는 약 500여 종이 있지만 그중 열매를 식용으로 먹는 종은 몇 개가 안 되는데, 앞서 언급한 아시아 감과 북미 토종 감, 그리고 또 하나가 고욤 *diospyros lotus*이다.

사실 유럽이나 미국 등지에서 카키와 퍼시몬은 큰 의미를 지니고 있지 않다. 아시아 감이나 북미 토종 감이 원래의 유럽 과일이 아니기 때문이다. 하지만 또 다른 감 종류인 고욤은 그리스와 이탈리아를 비롯한 남부 유럽에 널리 퍼져있었고 그만큼 옛 유럽인들에게 익숙한 과일이었다. 감나무의 라틴어 학명인 디오스피로스*diospyros*도 고욤나무에서 비롯됐

∴ 그리스와 이탈리아를 비롯해 남부 유럽에 서식하는 고욤 모습

다. 그런데 이 디오스피로스라는 이름에 엄청난 의미가 있다.

이 이름은 디오스와 피로스가 합쳐진 단어로 디오스Dios는 고대 그리스어로 제우스, 그러니까 신이라는 뜻이다. 피로스pyros는 곡식이라는 의미니까 확대하면 음식이라는 뜻이 된다. 즉 제우스의 곡식, 신의 음식이라는 의미다.

고욤나무를 가리키는 로터스lotus에도 특별한 의미가 담겨있다. 흔히 영어에서는 로터스를 연꽃으로 풀이하지만 유럽의 그리스 신화에서 로터스는 신화 속 열매를 뜻한다. 먹으면 황홀경을 느낀다는 상상의 열매다. 호머의 『오디세이』에 등장하는 로터스는 너무나 맛이 있어서 먹은 사람들이 고향으로 돌아가는 것을 잊어버리게 만든다는 과일이다.

신이 먹는 음식, 그렇기에 사람들이 먹으면 가족과 집이 있는 고향을 잊을 만큼 황홀경을 느낀다는 열매가 바로 감나무 열매의 일종인 고욤이다. 라틴어 학명은 18세기 이후에 만들어진 명칭이지만 고욤에 대해 유럽인들이 품고 있는 이런 원형적 이미지가 반영되어 있기에 신의 음식, 고향을 잊게 만드는 로터스 열매라는 이름을 붙였을 것으로 보인다.

코코넛은
유령 머리란 뜻?

뜨거운 태양이 하얗게 내리쬐는 남국 휴양지의 바닷가, 파도가 부서지는
백사장, 해변에 줄지어 늘어선 야자수 그늘에서 마시는 코코넛워터….
생각만 해도 설레고 로맨틱한 풍경이 아닐 수 없다. 하지만 낭만의 열매
코코넛은 뜻밖의 이름을 가진 과일 중 하나다.

　코코넛이라는 이름은 점잖게 말하면 유령 머리, 속된 말로 표현하면 유령
대가리라는 뜻이다. 코코넛 *coconut* 중에서 넛 *nut* 은 껍질이 딱딱한 견과류 종
류를 일컫는 단어고, 코코 *coco* 는 유령 또는 마녀라는 의미이기 때문이다.
그렇다면 누가, 왜 무슨 심보로 이런 무지막지한 이름을 지어놓은 것일까?

자두,
1억 780만 명의 성씨

우리나라 성 중에서 김씨 성 다음으로 가장 많은 성이 이씨라고 한다.

2015년 기준으로 대략 730만 명이 넘는다. 이씨는 한국에만 있는 성이 아니다. 중국과 베트남에도 있다. 중국에서도 역시 이씨는 큰 성이다. 왕씨 다음으로 많아서 인구가 약 1억 명에 이른다고 한다. 한국과 중국만큼은 아니지만 베트남에도 이씨가 많다. 열네 번째 성으로 인구의 약 0.5% 정도라니까 얼추 50만 명쯤 된다. 모두 합치면 1억 780만 명쯤 되는데 세계 인구가 76억 명이니까 단일 성씨로는 엄청난 숫자다.

이씨는 한자로 오얏 이(李)자를 쓴다. 오얏은 자두의 순 우리말이니까 지구촌에 사는 사람 중 약 1.4%가 자두를 성으로 삼고 있는 셈이다. 생각해보면 세상에 특정 과일이나 채소, 직업이 성씨가 된 사례는 한둘이 아니다. 이를테면 미국의 스미스는 조상이 대장장이를 뜻하는 블랙스미스*blacksmith*였다. 예전 영국 총리를 역임한 마가렛 대처 여사는 조상이 지붕 잇는 사람*thatcher*이었고, 동서독 통일의 주역이었던 헬무트 콜 전 독일 수상 역시 족보를 거슬러 올라가면 조상이 양배추 농부였다고 한다. 콜*Kohl*은 사실 독일어로 양배추*cabbage*라는 뜻이기 때문이다. 존 F. 케네디 전 미국 대통령은 속된 말로 '짱구 집안의 자손'이다. 케네디는 아일랜드 이민자 집안 출신인데, 케네디*kennedy*라는 성씨가 고대 켈트어로 앞뒤가 튀어나와 못생긴 머리*ugly head*에서 비롯된 말이라고 한다. 이런 식으로 보통 성씨는 조상의 직업이나 특징이 담기는 경우가 많다. 그렇다면 이씨의 자두는 어떤 의미를 가지고 있을까?

독초로 여겨졌던
토마토

토마토의 이름에도 재미있는 속사정이 있다. 토마토는 세상 사람들이 가장 흔하게 많이 먹는 열매인 만큼, 부르는 이름과 별칭도 많다.

옛날 우리 조상님들은 땡감이라고 불렀고, 이탈리아에서는 황금 열매(사과), 중국은 외국 가지라고 했다. 그리고 학술적으로 부르는 라틴어 학명은 '늑대의 복숭아'다. 다른 동물을 잡아먹는 늑대가 복숭아 같은 과일을 먹을 리가 없다. 그럼에도 이런 괴상망측한 이름을 지은 데는 배경이 있다. 독일을 비롯해 옛날 중북부 유럽인들의 토마토에 대한 인식이 반영되어 있기 때문이다. 토마토가 처음 유럽에 전해졌을 때 대부분 사람들은 이 열매를 사람이 먹을 수 없는 독초라고 생각했다. 중부와 북부 유럽에서는 더했다. 추운 기후 때문에 토마토를 재배조차 할 수 없었기 때문에 거부감이 더 컸다. 그렇지 않아도 남미에서 전해진 낯선 열매를 놓고 독초라느니, 먹으면 성적 흥분을 일으키는 이상한 열매라느니 등등의 좋지 않은 소문이 퍼졌는데 아예 재배조차 할 수 없었으니 낯선 토마토에 대한 편견은 더욱 심해질 수밖에 없었다.

심지어 중북부 유럽은 옛날부터 마녀의 전설이 널리 퍼졌던 지역이다. 중세시대만 해도 이 지역 사람들은 마녀가 마법의 고약으로 사람을 늑대인간werewolf로 만든다고 믿었다. 그리고 마법의 약을 만들 때 쓰는 재료 중 하나가 나이트셰이드nightshade라고 하는 독성 강한 독초의 열매라고 생각했다. 나이트셰이드는 토마토와 마찬가지로 가지 속의 식물로 꽃도 토마토처럼 자주색이고 열매 역시 토마토를 닮았다. 때문에 당시 중북부 유럽인들은 토마토를 마녀가 마법의 약을 만들 때 쓰는 독초라고 생각했다. 그래서 토마토를 잘못 먹으면 사람이 늑대인간으로 변신할 수 있다고 믿었다고 한다.

이렇게 토마토의 라틴어 학명이 늑대의 복숭아가 된 배경에는 중세 유럽의 마녀 전설과 토마토에 대한 옛 유럽인의 편견이 담겨있다.

과 일 이 름 에 담 긴

역 사 의 조 각 들

코코넛과 파인애플, 토마토와 살구, 석류, 체리, 바나나 등등 우리가 맛있게 먹는 과일들 중에는 알고 보면 재미있는 이름이 적지 않다. 때로는 재미와 흥미를 넘어 황당하기 그지없는 비화를 가지고 있기도 하다. 도대체 과일 이름을 왜 그렇게 터무니없게 작명을 했을까 싶을 정도다.

과일의 생긴 모습 때문에, 혹은 이국에서 전해진 낯선 열매였기에 호기심과 편견으로 인해 괴상망측한 이름을 지었을 수도 있다. 하지만 그 속을 자세히 들여다보면 미처 생각지도 못했던 이유를 발견할 수도 있다. 무엇보다 과일 이름 속에는 당대 사람들이 그 과일에 대해 가졌던 인식뿐만 아니라, 어떻게 각지로 전파됐는지 그 경로를 알 수 있어 흥미롭다. 그런 의미에서 이 장에서는 과일 이름에 어떤 의미가 담겨있는지 그 비밀스런 역사의 조각을 들여다보도록 하겠다.

유령 이름이 과일 이름으로, 코코넛

신비한 열매에서

귀신 머리로

야자의 영어 이름인 코코넛은 16세기 포르투갈어 코코*coco*에서 유래한 이름이다. 포르투갈 태생의 스페인 탐험가 마젤란이 세계일주 항해를 떠날 때 포르투갈 선원들을 함께 태웠었는데, 이들이 남태평양에서 야자를 처음 보고는 '코코'를 닮은 '견과*nut*' 열매라고 부르면서 코코넛이라는 이름이 붙여졌다고 한다.

코코는 포르투갈어로 '귀신 대가리', '뼈다귀만 남은 해골 같은 머리' 라는 의미이다. 그런데 이상하다. 포르투갈어 사전을 아무리 찾아봐도 이런 풀이는 나오지 않는다. 통상적인 이유는 포르투갈 표준어가 아니라 북부 지방에서만 쓰는 방언이기 때문이라지만, 여기에는 더 깊은 의미가 있다.

사실 코코는 프랑스 남부인 갈리아 지방과 포르투갈 북부 그리고 스페인 일부 지역에 퍼져있던 전설 속 존재 '쿠카Cuca'에서 변형된 단어이다. 쿠카는 아이들이 말을 듣지 않으면 나타나 잡아먹는 귀신 또는 마녀였는데, 포르투갈과 스페인 할머니들이 밤중에 아이들을 모아놓고 들려주던 옛날이야기에 단골로 등장했다. 우리나라 설화 속 망태 할아범과 비슷한 캐릭터다.

16세기 초, 마젤란의 세계일주 항해에 동행했던 포르투갈 선원들도 어렸을 때 코코(쿠카) 유령의 이야기를 듣고 자랐을 것이다. 16세기라는 시대적 배경이나 선원들의 출신과 교육수준으로 미루어 짐작해 보건대, 코코(쿠카)의 이미지는 불길하고 음습한 느낌이 강했을 거라 여겨진다. 그렇다면 포르투갈 선원들이 남태평양에서 코코넛 열매를 처음 본 소감 역시 그러했다는 것인데, 여기에는 몇 가지 추측이 가능하다.

우선 제대로 교육받지 못한 서양 뱃사람들의 편견 내지는 무지가 반영된 것일 수 있다. 그리도 또 다른 이유로는 원주민에 대한 적대감을 들수 있다. 코코넛이라는 이름의 기록은 마젤란의 세계일주 항해에 동승했던 이탈리아 선원이 쓴 글에서 처음 찾아볼 수 있다. 괌에서 원주민들이 코코넛 먹는 모습을 봤다는 내용이다. 그런데 괌은 마젤란이 1521년 원

Que viene el Coco.

❖ 전설 속 전해지는 마녀 '코코'를 주제로 한 스페인 화가 고야의 작품.
  <코코가 온다>, 1799년

주민들에게 살해당한 장소이기도 하다. 그런 만큼 선원들은 원주민들에 대해 적대감을 품었을 것이고 그들이 마시는 열매조차도 부정적으로 바라봤을 가능성이 있다. 어쨌거나 파라다이스를 연상케 하는 남국 과일의 이름치고는 섬뜩한 측면이 있는 건 사실이다.

하지만 코코넛의 이름이 원래부터 부정적이었던 것은 아니었다. 코코넛의 원산지는 인도 남부와 서남아 일대다. 이곳에서 동남아와 남태평양, 그리고 기타의 열대지방으로 퍼졌다. 그러므로 유럽인들이 코코넛을 처음 본 것은 훨씬 이전으로 거슬러 올라간다. 유럽에 널리 알려지지 않았을 뿐 옛 문헌 여러 곳에 코코넛에 대한 기록이 남아있기 때문이다. 최초는 서기 545년, 그리스 출신으로 이집트의 알렉산드리아에서 활동한 상인이자 수도승이었던 코스마스 인디코플레우스가 남긴 여행기에 실려있다. 지금의 스리랑카를 방문했을 때 어떤 나무가 우거져 있고 그 열매의 과즙으로 술을 빚는다는 내용이다. 술이 열리는 신비한 열매라는 뉘앙스다.

동방견문록의 저자인 마르코 폴로도 코코넛에 대한 기록을 남겼다. 1280년 수마트라와 인도를 방문했을 때 현지에서 코코넛을 보고는 인디안 너트*Indian Nut*라고 했다. 인도 견과라는 뜻이다. 그러고 보면 16세기를 전후로 동방의 열매인 야자를 부르던 서양인의 인식에 변화가 있었던 듯하다.

중국과 조선에서
사랑받은 열매

코코넛에는 어원만큼이나 깜짝 놀랄 만한 뜻밖의 사실이 있다. 옛날 우리 조상님들 또한 코코넛을 즐겼다는 것이다. 그것도 조선시대, 더군다나 15세기 초 세종 시대에 코코넛을 먹었다. 어쩌면 그보다 앞선 고려 사람들도 코코넛을 낯설어하지 않았을 수 있다. 옛 문헌에도 코코넛 관련 기록이 심심치 않게 보인다.

먼저 『조선왕조실록』 세종 17년(1435년) 5월 5일의 기록이다. 중국에서 온 사신이 가져 온 여러 선물을 역관을 통해 조정에 바쳤는데, 여기에 야자도 포함돼 있다. 이국적인 열대 과일이라 북경에서부터 가져왔던 모양이다.

세조 2년(1456년)의 기록에도 야자가 보인다. 우의정이 병을 앓아눕자 세조가 문병을 가는 신숙주를 통해 술과 안주, 그리고 술잔인 전야표(全椰瓢)를 보냈다. 야자 껍질로 만든 술잔이다.

성종 때의 기록도 흥미롭다. 성종 11년(1480년), 지금의 오키나와인 유구국 국왕이 후추 500근, 설탕 100근과 함께 야자 10개를 선물로 보냈다. 그리고 성종 25년(1494년)에는 역시 유구국에서 야자수 묘목 2개를 보냈다.

종합해보면 명나라는 물론 유구국 등 다양한 경로를 통해 코코넛이 전해졌고 코코넛 열매는 물론 묘목에서부터 껍질로 만든 술잔 등의 공예품과 코코넛 껍질로 싼 옷감까지, 다양한 코코넛 관련 상품이 들어왔다. 먼 열대 남국의 과일이었으니 임금이나 최고위 상류층 아니면 구경도 못했을 것 같

♣ 유구국은 1429년에 건국되어 1879년 병합된 왕국으로, 일본, 중국, 동남아시아의 중계무역으로 번성했다. 그림은 오라소에 미술관에 소장된 유구국 무역항을 그린 작품

지만 반드시 그런 것만도 아니었다.

야자는 꽤 광범위하게 알려졌다. 12세기 말 고려 시인 이규보는 「소고기를 끊다」라는 시에서 더 이상 소고기로 야자만큼 조그만 배를 채우지 않겠다고 읊었다. 조선 정조 때의 문인 이헌경도 야자 같은 소견머리는 실로 얕고도 좁다고 노래했으니 야자를 조그만 것의 대명사로 비유했다. 시인들이 시를 쓸 때 생전 듣도 보도 못한 열대의 과일을 비유의 대상으로 삼았을 리는 없으니, 따지고 보면 고려나 조선에서 야자라는 남국 과일이 꽤 널리 알려졌을 수도 있다.

좀 더 자세히 문헌을 보면 야자에 대한 조선 선비들의 지식은 상당히 넓고 깊었다. 조선 후기 실학자 이익은 『성호사설』에서 야자수는 높고 크며 잎은 길게 생겼고 참외 같은 열매가 30개씩 달렸는데, 살은 곰 기름처

121

럼 하얗고 맛은 호두와 비슷하며 장(醬-코코넛워터)은 한 되쯤 들었는데
맑기는 물 같고 달기는 꿀 같다고 했다. 덧붙여 서역에 인제아(印弟亞)란
나라가 천축국 옆에 있는데 그곳에서 야자수가 많이 자란다고 설명했다.

인제야는 중국어 발음으로 인디아이니, 코코넛의 특징과 주요 산지까
지 정확히 파악하고 있음을 알 수 있다. 또한 장(醬)이 술과 같기 때문에
야자주(椰子酒)라고 하지만 맛은 술 같아도 취하지는 않는다고 기록했다.
얼핏 주당의 호기심처럼 보이지만 조선시대 곡물로 빚는 술은 그만큼 경
제적 가치가 높았기에 야자수에 대한 관심 역시 이런 실학적 관점에서
비롯된 것으로 보인다. 그래서인지 실학자 박지원도 『열하일기』에 북경
에 갔을 때 길에서 야자수를 사서 마신 이야기를 남겼으니 조선의 선비
들은 이래저래 코코넛에 관심이 많았다.

이렇게 유럽에는 코코넛이 대항해가 시작된 16세기 이후에 널리 알
려졌지만 동양에서는 한국이나 중국, 일본 모두 진작부터 코코넛을 먹고
마셨다. 주요 산지가 중국 광동이나 운남, 대만이나 오키나와 등지였으
니 어쩌면 낯설어한다는 것 자체가 낯선 일이긴 하다.

실제 중국 문헌에는 1세기 『한서』 「사마상여 열전」에 벌써 코코넛에
대한 기록이 보인다. 여기서는 코코넛을 야자가 아닌 서시(胥邪)라고 적
었다. 이후 수당 시대를 거치면서 코코넛이 널리 퍼졌다. 특히 송나라 시
인 소동파가 광동에 귀양갔을 때 야자를 맛보고 지은 시가 베스트셀러
가 되면서 중국은 물론 조선과 일본 등 동양 전체에 코코넛이 널리 알려
졌다고 한다. 고려와 조선 선비들이 코코넛에 대해 자세히 알고 있던 것
도 이 때문이다.

독초에서 약이 된 토마토

독을 가지고 있던
불길한 열매

토마토는 이탈리아와 중국 정도를 제외하면 세계 여러 나라에서 대부분 토마토라는 이름으로 불린다. 현지 언어에 따라 발음에 약간씩 차이가 있을 뿐이다. 하지만 옛날에는 달랐다. 나라마다 따로 독특한 이름이 있었다. 이를테면 프랑스에서는 폼다무아*pomme d'amour*, 즉 사랑의 열매(과일)라고 했다. 예전 조선에서는 일년감, 풀감, 당나라감 등등 이름이 다양했다. 중국은 지금과 마찬가지로 예전부터 서양 홍시(西紅柿) 또는 외국 가지(番茄)라고 했다. 앞서 잠시 언급했던 것처럼 학명은 늑대의 복숭아였다.

이렇게 나라마다 달랐던 토마토의 옛 이름에는 한 가지 공통점이 있다. 대부분 먹지 못하는 열매라는 의미를 내포하고 있다는 것이다. 이를테면 사랑의 열매라는 프랑스의 옛 이름에는 성적 흥분제라는 의심의 눈초리가 담겨있다. 토마토의 라틴어 학명인 늑대의 복숭아도 얼핏 복숭아처럼 생겼지만 잘못 먹으면 늑대인간이 된다는 전설을 토대로 지어진 이름이다. 조선에서 불렀던 옛 이름 풀감도 생김새는 감처럼 생겼지만 나무가 아닌 풀에서 열리는 가짜 감이라는 의미가 있고, 당나라감은 못 먹는 감을 의미한다. 토마토의 옛 이름들은 왜 이렇게 하나같이 부정적이었을까?

토마토가 옛 이름을 버리고 지금의 명칭으로 불리게 된 것은, 빨간 토마토가 나오면 의사 얼굴이 파랗게 질린다는 이탈리아 속담처럼, 실제로는 건강에 좋은 과일이고 채소라는 사실이 밝혀지면서부터다. 부정적인 이미지가 사라지면서 원래의 이름 토마토로 통일이 됐다고 할 수 있다.

중미가 원산지인 토마토의 어원은 고대 아즈텍 사람들이 쓰던 언어 나화틀*nahuarle*어에서 비롯됐다. 이들은 빨간 토마토는 시토마틀*xitomatl*, 그린 또는 노란 토마토는 그냥 토마틀*tomatl*이라고 불렀다. 토마토는 여기서 생긴 이름인데 부풀어 오른 과일, 탱탱한 열매*swollen fruit*라는 뜻이다.

중남미 원주민들이 먹던 이 열매가 콜럼버스의 신대륙 발견 이후 유럽에 전해졌다. 1521년 지금의 멕시코시티인 아즈텍제국의 수도를 정

Goldöpffel. Poma aurea.

* (위)이탈리아 의사 안드레아 마티올리 초상
* (아래)마티올리가 쓴 1544년 약초 서적에
　그려진 토마토 삽화

복한 스페인의 에르난 코르테스가 토마토를 발견해 전파한 것으로 본다. 처음 유럽인들은 신대륙에서 전해진 듣도 보도 못한 낯선 열매를 설레는 마음으로 바라봤다. 당시 유럽인의 시선을 이름에서도 짐작할 수 있다. 유럽 최초의 토마토 관련 기록은 1544년 이탈리아 의사 마티올리가 쓴 약초 관련 서적에서 찾을 수 있는데, 신대륙에서 전해진 가지를 닮은 식물을 포모도로pomodoro라고 적었다.

이탈리아어로 포모pomo는 열매, 혹은 사과 그리고 도로 d'oro는 황금이다. 합치면 황금 열매(사과)라는 뜻이다. 그리스 로마 신화에 나오는 황금사과를 연상케 하는 이름이니 상당히 긍정적이다.

하지만 호기심은 곧 실망감으로 바뀌었다. 토마토는

먹을 수 없는 열매를 넘어서서 먹어서는 안 되는 독초라고까지 생각하게 됐다. 그런 실망감이 반영된 것이 프랑스의 옛 이름 사랑의 열매(사과), 폼디무아다. 토마토는 16세기 후반 이탈리아에서 프랑스로 전해졌는데, 이때 사랑의 열매라는 야릇한 이름이 생겼다고 한다. 그 배경에 다양한 어원설이 있다.

우선 이탈리아 이름 포모도로를 잘못 알아들어서 사랑의 열매라는 폼므 다모르*pomme de amour*가 됐다는 설이 있고, 빨갛게 익은 토마토가 섹시해 보였기에 저 열매를 먹으면 성적인 자극이 될 것이라고 생각해 사랑의 열매가 됐다는 설도 있다. 특히 토마토 꽃과 줄기 잎이 맨드레이크*mandrake*라는 작물과 비슷하게 생긴 것도 한몫을 했다. 이 식물은 독성이 강한 독초인 데다가 동시에 성적 자극을 일으키는 최음 성분이 있어서, 유럽에서는 옛날부터 성적 흥분제로 쓰였다. 성경에도 솔로몬 왕의 노래를 엮은 아가(雅歌) 제7장 13절에 "합환채가 향기를 토하고 우리의 문 앞에 갖가지 귀한 열매가 새 것, 묵은 것을 갖췄구나. 내가 나의 사랑하는 자, 너를 위해 쌓아둔 것이다"라는 구절이 있다. 여기서 합환채(合歡采)가 바로 맨드레이크다. 토마토가 이런 합환채와 닮았으니 효과도 비슷할 것이라고 생각했기에 사랑의 열매가 됐다는 것이다.

그러고 보면 토마토처럼 오랜 세월 극심한 오해와 편견에 시달리며 배척당했던 작물도 드물다. 관련해 여러 에피소드가 전해지는데, 그중 대표적인 것이 조지 워싱턴 독살사건이다. 미국 독립전쟁 당시 독립군 총사령관이었던 조지 워싱턴 장군을 독살하기 위해서 요리사를 매수해 매 식사 때마다 토마토를 먹이려 했다는 것이다. 물론 이 이야기 자체가 사실이 아니다. 기록에도 없으니 누군가 지어낸 이야기겠지만 독살설이 퍼질 정도로 옛날에는 토마토에 독성이 있다고 믿었던 듯하다.

하지만 토마토가 독초라는 옛 유럽과 미국의 편견이 단순히 오해와 무지 때문에 생겨난 것은 아니라는 주장도 있다. 실제 토마토로 인해 독이 퍼졌을 가능성이 높다고 보는 것인데, 다만 토마토 자체의 독성 때문이 아니라 옛날 유럽에서 사용했던 식기가 중독의 원인일 수 있다는 견해다.

18~19세기 유럽 귀족이나 부유한 평민들은 대부분 백납*pewter*으로 된 나이프와 스푼, 접시 등을 사용했다. 영화에서 보는 것과 같은 반짝반짝 빛나는 은식기*silverware*는 왕실이나 고위 귀족이 아니면 사용하기 힘든 최고급 식기였다. 그런데 백납 식기는 주성분이 납*pb*이었던 터라, 토마토에 포함된 산*acid*과 만나면 반응이 빨라져 납 성분을 비롯한 독성 물질이 더 많이 배출되면서 중독 증상을 일으키기가 쉬웠다. 그래서 당시 사람들은 그 원인을 백납 식기가 아닌 토마토 때문이라고 생각했다는 것이다.

이 때문에 16세기 초 유럽에 토마토가 전해진 이후 19세기 초까지, 거의 300년 동안 유럽과 미국에서는 토마토에 독이 들어있다고 강하게 믿었다고 한다. 반면 서민들과 하층민들은 오히려 토마토로 인한 중독이 거의 없었다. 서민층에서는 대부분 백납 식기 대신 나무를 깎아 만든 스푼과 그릇을 사용했기 때문이다.

토마토소스가
만들어지기까지

원산지인 중남미에서는 진작부터 토마토를 먹었지만 그렇다고 처음부터 인기 작물이었던 것은 아니다. 토마토 원 품종은 크기가 완두콩만 했는데, 원주민들은 이를 개량해 다양한 소스로 만들어 먹었다. 에르난 코르테스가 유럽에 처음 토마토를 전할 때는 당연히 이 같은 사실이 함께 알려졌다. 이에 최초로 토마토 기록을 남겼다는 이탈리아 의사 겸 식물학자 마티올리는 신대륙에서 온 새로운 가지*eggplant*는 붉은 빛 혹은 황금색으로 완전히 익으면 쪼개서 먹을 수 있다면서 소금, 후추, 올리브오일 등으로 양념해 가지처럼 요리한다고 적었다.

이렇게 처음에는 식용으로 전해진 게 사실이지만, 아무래도 익숙하지 않은 열매였던 만큼 관상용 화초로 키우는 경우가 많았다. 초기 기록은 주로 이탈리아에서 보이는데 1548년 메디치 가문의 집사가 피렌체 군주인 코시모 데 메디치의 개인 비서에게 쓴 편지에도 토마토가 나온다. 대공의 피렌체 영지에서 보낸 토마토 한 바구니가 무사히 도착했다는 내용인데, 여기서도 토마토는 화초로 그려져 있다.

토마토가 처음 요리로 등장하는 것은 1692년 무렵이다. 나폴리를 통치하던 스페인 총독의 요리사가 발행한 요리책에 처음 보인다. 토마토가 전해진 지 거의 170년 만이다. 이 책은 스페인 요리책을 거의 베낀 것이라고 하니까 토마토 요리는 일단 스페인에서 시작해 이탈리아로 전해진 것으로 짐작된다. 이후 1790년 혹은 1839년에 토마토소스로 조리한 파스타가 보인다니까 18세기 말부터는 나폴리에서 농부들이 파스타나 피자에 토마토소스를 곁들여 먹었음을 알 수 있다.

그런데 이탈리아, 그중에서도 나폴리를 중심으로 토마토소스가 발달한 이유는 무엇일까? 여러 이유를 꼽는데 첫

❖ 토마토는 초기에 약초로 쓰이다가 1700년대부터 소스로 만들어 요리에 활용되기 시작했다.

째는 나폴리가 더운 지방이어서 아열대 지방에서 잘 자라는 식물이었던 토마토의 재배 조건에 맞았다는 것이다. 또 나폴리는 가난한 농촌 지역이었기에 농부들이 이것저것 가릴 형편이 되지 않아 토마토를 먹었다는 설도 있다. 그리고 앞서 언급한 것처럼 대부분이 가난했던 터라 목재 식기를 주로 사용했기 때문에 백납으로 인한 중독 현상이 적어 토마토에 대한 거부감이 없었다는 점 등등을 이유로 꼽는다.

한편 미국에서는 토마토가 19세기 중반 이후에 널리 퍼진다. 바로 남북전쟁 때문이었는데 남북이 모두 먹을 것이 부족해지자 토마토를 먹기 시작했다고 한다. 먹다보니 독성도 없고 맛도 좋아 널리 퍼지게 됐다는 것인데, 어쨌거나 토마토가 널리 퍼지게 된 데에는 가난과 전쟁 등으로 인한 굶주림이 큰몫을 차지한다고 볼 수 있다.

조선에서는
쓸데없는 잡초 열매

유럽에서 독초라는 오해와 편견에 시달렸던 토마토였는데 동양에서는
어땠을까? 토마토에 관한 우리나라 최초의 기록은 광해군 때의 실학자
이수광의 『지봉유설』에서 찾을 수 있다.

"이 이상하게 생긴 과일은 남쪽 오랑캐 땅에서 전해진 감으로 땡감이
다. 일년생 풀에서 열리는 감인데 생김새는 고추를 닮았고 맛은 떫은데
다 매운맛까지 있다. 사람들은 잡초라고 생각할 뿐이며 종자를 천하게
여기고 좋아하지 않는다."

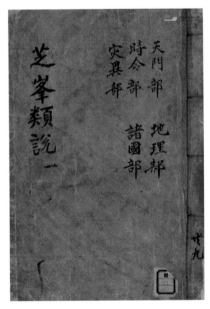

임진왜란 이후 전해진 토마
토에 대해 당시 조선 선비들은
무척 낯선 인상을 받았던 모양
이다. 먹지도 못하고 기껏해
야 관상용으로나 키울 수 있
는 작물 내지는 아예 잡초 취
급했다. 그래서인지 우리나라
는 토마토 식용 역사가 유난히
짧다.

토마토가 우리나라에 전해
지는 과정을 자세히 살펴보면
토마토가 동양에 퍼진 과정까

❖ 1614년 지봉 이수광이 지은 『지봉유설』에
토마토에 대한 기록이 남아있다.

지도 함께 알 수 있다. 이를테면 이수광은 『지봉유설』에서 토마토는 본래 남쪽 오랑캐 땅에서 나오는 열매로 근래 사신이 중국 조정에서 종자를 얻어왔다고 적었는데, 사실 중국에 토마토가 전해진 시기는 우리와 비슷하다. 명나라 말 문헌인 『식품(植品)』에 '번가(蕃茄)'는 서양 선교사가 만력 연간에 해바라기와 함께 중국에 가져왔다고 나온다.

'번가'는 외국 가지라는 뜻이다. 유럽에서 토마토를 가지와 같은 종류의 작물로 알았기 때문인지 중국에서 토마토를 외국 가지로 번역한 것이 흥미롭다. 그리고 만력은 명 신종 때의 연호로 1573년부터 1619년까지다. 1621년 왕상진이 쓴 『군방보(群芳譜)』에도 같은 내용이 수록돼 있다. 군방보는 화초에 관한 내용을 모아서 수록한 책이니 토마토를 처음 정원의 화초로 키웠던 유럽의 시각이 중국에도 그대로 반영돼 있다.

한편 광해군 이후 조선시대 문헌에서는 토마토에 관한 기록이 거의 보이지 않는다. 그러다 19세기 초, 순조 때의 실학자인 이규경이 쓴 『오주연문장전산고』에 다시 토마토에 관한 글이 보인다. 그리고 끝이다.

이규경은 영정조 때 성호 이익과 다산 정약용이 토마토에 관해 많은 저술을 남겼지만 기록을 찾을 수가 없다며, 얼마나 자료가 없었으면 토마토에 대해 아는 것이 풀벌레만도 못하다며 답답해했다. 그러면서 『지봉유설』의 내용을 토대로 토마토를 남쪽 오랑캐 땅에서 열리는 감이라서 남만시(南蠻柿)라고 했고 일년생 풀에서 열리기에 풀감(草柿)이라고도 했다. 봄에 자라 가을에 열매를 맺는데 맛이 감하고 비슷하다고 적어놓았다. 또 토마토인 남만 감이 이 땅에 전해진 지 200여 년이 지났는데 과일과 화초를 재배하는 사람에게 물어봐도 어떤 종류의 과일인지 잘 모르고 남겨진 기록도 없다며 안타까워했다.

이렇게 우리나라에서는 토마토가 처음 소개된 이후 줄곧 이상한 과일 내지는 못 먹는 땡감 취급을 받았다. 그러다 19세기 말부터 토마토를 재배하려는 시도가 보인다. 고종 20년(1884년) 서양 원예작물 재배를 장려하기 위해 서양 채소 종자를 도입하는데 여기에 토마토 종자도 포함돼 있다. 그렇지만 앞서 말한 것처럼 본격적인 재배가 이뤄진 것은 20세기, 그것도 1930년대를 전후해서이다.

이 무렵에는 토마토를 일년감이라고 불렀다. 그러면서 누구나 재배할 수 있고 또 영양소도 풍부한 과일이라며 일년감(토마토) 재배를 장려하는 신문기사가 자주 보인다. 그러다 1950년이 지나면서 일년감이라는 명칭이 사라지고 토마토라는 이름이 자리 잡는다. 토마토가 건강한 과일로 자리매김하는 과정은 이렇게 동서양 모두 험난하기 그지없었다.

무릉도원의 과일 복숭아

동서양을 넘나드는
신들의 과일

우리말 복숭아는 무슨 뜻일까? 안타깝지만 그 어원에 대해서는 알려진 바가 거의 없다. 사람들이 제멋대로 만들어냈지만 나름 민중의 염원이 담긴, 그래서 오랜 세월 입에서 입으로 전해져 내려온 속설, 즉 민간 어원 *folk etymology*조차 제대로 없다. 그저 15세기 후반, 조선 성종 때 간행된 『두시언해』에 복숭아라는 이름이 보이니 꽤 먼 옛날부터 한글 이름을 사용했을 것으로 짐작할 뿐이다.

그렇다면 복숭아를 뜻하는 한자 '도(桃)'는 무슨 뜻일까? 이 글자가 어떻게 만들어졌는지의 자원(字源), 다시 말해 글자의 의미와 유래에 대해서는 여러 해석이 있다. 그중에서도 대표적이면서 또 그럴듯한 풀이를 꼽자면, 약 1,900년 전인 서기 1세기의 한자사전『설문해자』에 나오는 설명을 빼놓을 수 없다.

『설문해자』에서는 도(桃)가 과일(果)이라고 풀이했는데, 당연한 소리를 쓸데없이 되풀이한 것 같지만 알고 보면 의미있는 말이다. 이는 자두, 살구, 매실과 더불어 고대로부터 동양에서 자생해온 귀중한 열매라는 뜻이다. 덧붙여 도(桃)는 나무 목(木)에 조짐 조(兆)자로 이뤄진 글자라고 했는데, 조짐 조(兆)는 미리 알린다는 뜻으로 원래는 거북이 등에 나타난 점괘를 본 따 만든 글자다. 그렇기에 네이버 한자사전에서는 옛날 사람들이 복숭아가 장수를 상징하는 과일, 신선의 과일로 여겼던 만큼 신(神)적인 것과 연관된 과일임을 뜻하기 위해 쓰인 걸지도 모른다고 풀이한다.

중국의 인터넷 자원사전의 해석도 다르지만 비슷하다. 동북아시아에서 봄이 오면 제일 먼저 피는 꽃이 복숭아다. 그렇기에 복사꽃이 얼마나 많이 피는지, 어떻게 피는지에 따라 그해 과일이 얼마나 많이 열릴지를 점칠 수 있다. 복숭아를 통해 과일의 풍년 여부를 점칠 수 있기에, 미리 알려준다는 조짐 조(兆)자를 써서 복숭아 도(桃)가 만들어졌다는 것이다. 확대 해석하면 복숭아는 하늘의 뜻을 알려주는 과일이라는 뜻인데, 그만큼 복숭아의 도에는 복숭아를 신비한 과일로 여겼던 고대인들의 생각이 담겨있다.

이런 동양의 시각과 마찬가지로, 서양에서도 복숭아는 특별한 과일이었다. 복숭아는 영어로 피치*peach*다. 피치의 어원은 페르시아 사과, 즉 페르시아 열매라는 뜻이다. 복숭아가 고대 페르시아로부터 전해졌다고 생각했기에 생긴 이름이다.

원래 복숭아는 동양이 원산지였다. 동북아 일대에서 자라는 나무의 열매였는데, 머나먼 옛날 실크로드를 따라 지금의 이란 일대인 고대 페르시아에 전해졌다. 그러다 기원전 4세기, 알렉산더 대왕이 동방원정을 왔을 때 페르시아에서 낯선 복숭아나무를 발견하고 그리스에 옮겨다 심었고, 이후 로마인들이 제국에 복숭아를 널리 퍼트렸다. 로마인은 복숭아를 라틴어로 말룸 페르시쿰*malum Perscium*이라고 불렀다. 말룸*malum*은 사과 또는 과일, 열매라는 뜻이고 페르시쿰은 페르시아다. 이 이름이 후대에 프랑스어*pêche*로 전해졌다가 영어 피치*peach*가 됐다. 그래서 영어의 어원만 보면 페르시아에서 전해졌다는 전파 경로만 보일 뿐, 복숭아라는 과일에 대한 특별한 감정은 별로 느껴지지 않는다. 어쩌면 너무 흔해서일지도 모른다.

실제로 로마시대에는 복숭아를 꽤 많이 재배했던 것으로 추정한다. 서기 79년 나폴리 부근 베수비오 화산 폭발로 폼페이가 화산재에 파묻혔을 때 함께 잿더미에 묻혔던 도시, 헤라쿨라네움*Herculaneum*의 벽화도 그렇고, 비슷한 시기 다른 지역에서 발굴된 벽화 모자이크에서도 복숭아가 꽤 많이 그려져 있다. 그런 만큼 로마에서 복숭아는 꽤 대중화된 과일이었을 것으로 본다.

하지만 로마제국 멸망 이후 중세 유럽에서는 오히려 복숭아에 대한 기록이 별로 남아있지 않다. 복숭아 재배기술이 전해지지 못하고 끊어진 것인지 혹은 기후 탓인지 복숭아가 널리 퍼지지 못했다. 그러다 17~18세기 들어와서야 영국과 프랑스 등에 본격적으로 퍼졌다.

이렇게 전파 경로만 반영돼 있는 일반 복숭아와 달리, 천도복숭아의 영어 어원은 또 다르다. 영어로 천도복숭아는 넥타린*nectarine*이다. 어원이 과일즙이라는 뜻의 넥타*nectar*에서 비롯됐다. 넥타라고 하면 지금은 그냥 과일주스 형태의 음료수를 의미하지만, 옛 그리스 신화에서는 신들이 마시는 음료를 의미했다. 그러니까 영어 넥타린은 신들이 마시는 과즙 음료처럼 향긋하고 맛있는 복숭아라는 뜻에서 생겨난 말이다.

천도복숭아는 17세기 초에 영국에 처음 전해졌다고 하는데 이때만 해도 로마시대 이후 유럽에 남아있던 일반 복숭아보다는 천도복숭아가 훨씬 더 과즙이 풍부하고 달콤하며 맛있었던 모양이다. 그렇기에 하늘의 신선세계에서 자라는 복숭아, 천도(天桃)라는 동양 이름에 걸맞게, 서양에서도 신들이 마시는 과즙, 넥타린*nectarine*이라는 이름을 얻을 수 있었던 것이다.

무릉도원과
도원결의

복숭아가 평범한 과일이 아닌 하늘의 열매라는 사실은 동양의 신화 및 문학작품 곳곳에서 발견할 수 있다.

먼저 서양의 에덴동산에 버금가는 동양의 낙원인 '무릉도원'이 그것이다. 무릉도원(武陵桃源)은 이상향인 유토피아를 의미하지만 글자 뜻 그대로 풀이하면 무릉이라는 곳에 있는 복숭아 마을이다. 무릉도원은 전란이 끊이지 않았던 삼국시대가 끝난 후인 4세기 동진 때의 시인 도연명이 쓴 『도화원기』에 나오는 이상향이다. 전해져 내려오는 설화가 모티브가 됐다.

"무릉의 어떤 사람이 고기를 잡아 생활했는데 내를 따라 가다가 길을 잃고 복숭아 꽃나무 숲을 만났다. 냇물의 좌우 수백 보에 걸쳐 복숭아나무 외에는 잡나무가 없고 향기로운 풀들만이 산뜻하고 아름다우며 꽃잎들이 펄펄 날리고 있었다. 어부가 매우 이상하게 여기면서 앞으로 나아가 복사꽃 숲이 끝나는 곳까지 가보자고 했다. 숲이 다하는 곳에 물이 흐르고 문득 산 하나가 나타났다. 그곳에는 좋은 밭과 연못이 있고 뽕나무와 대나무가 있으며 길은 사방으로 뚫려있고 닭이 울고 개 짖는 소리가 들렸다. 사람들이 왕래하며 씨 뿌리고 농사를 지었는데 남녀가 입은 옷은 바깥세상과 같았고 모두가 기뻐하며 즐거워했다."

다툼이 없어 평화로우며 그래서 근심걱정이 없어 평안한 곳은 곧 꿈속 같은 세상이며, 동양적으로 말하자면 신선들이 사는 세상이다. 복숭아는 바로 그런 곳에서 무성하게 볼 수 있는 나무의 열매였다. 신선들이 사는 곳의 과일이기에 사람들은 그 과일을 먹으며 천년만년 행복하게 살 수 있을 것이라고 믿었던 것이다.

고전소설 『서유기』속의 복숭아 역시 그런 과일이다. 신선세계의 여신인 서왕모가 사는 곤륜산에는 복숭아나무가 있는데, 이 복숭아를 먹으면 3,000년을 산다고 했다. 잘 알려져 있듯 손오공은 이 복숭아를 훔쳐 먹고 벌을 받았다. 삼천갑자 동방삭의 장수 비결 역시 서왕모의 복숭아를 훔쳐 먹었기 때문이다.

♣ 서왕모의 복숭아를 훔쳐먹는
　동방삭을 그린 상상화

우리가 잘 아는 소설 『삼국지연의』에 나오는 '도원결의'도 하늘과 관련 있다. 유비, 관우, 장비는 복숭아 밭에서 하늘에 맹세하고 의형제를 맺었다. 소설 『삼국지연의』 첫 장에 나오는 도원결의다.

"큰일을 의논하는 자리에서 장비가 집 뒤 복숭아 동산에 꽃이 한창이니 내일 이 동산에서 천지에

제사를 지내고, 셋이 의형제를 맺어 한마음으로 협력하기로 한 뒤 일을
도모하자고 했다. 유비와 관우가 동의하여 다음날 도원에 검은 소, 흰 말,
종이 돈 등 제물을 차려 놓고 제를 지내며 맹세했다."

　도원결의의 무대가 된 것은 탁군이다. 지금의 북경 부근인데 때는 봄
날이고 주변은 온통 복숭아밭이었기에 그곳에서 의형제를 맺는 의식을
가진 것일 수도 있다. 하지만 달리 보면 그만큼 복숭아가 특별한 상징성
을 지니기 때문일 수도 있다. 성이 서로 다른 세 사람이 형제의 의를 맺었
다는 결의(結義)가 핵심인데, 후세 사람들은 그에 못지않게 복숭아밭이
라는 장소, 도원(桃園)을 강조한다. 그래서 도원결의이다. 형제가 됐음을
천지신명께 제사를 지내 알리며 하늘에 맹세하는 의식이기에 하늘의 열

❖　『삼국지연의』에 나오는 도원결의 삽화

매인 복숭아밭에서 결의를 맺어야 했다는 해석이다.

나쁜 기운을

쫓는다

복숭아가 천상 세계의 과일이라는 무의식의 원형은 옛날 신화나 문학작품에만 나오는 것이 아니라 현대에도 실존하는 현재진행형이다.

옛날에는 복숭아가 장수의 상징이었다. 복숭아의 별칭으로 오래 산다는 뜻의 목숨 수(壽)자를 써서 수도(壽桃)라고도 하는데, 중국에서는 지금도 아이 생일이 되면 복숭아 모양으로 만든 만두나 과자를 선물한다. 예전 어른들 환갑잔치에는 복숭아 모양의 떡을 쌓아놓았고, 전통 결혼식에서는 복숭아 모양으로 종이를 오린 전통 문양의 전지(剪紙)를 붙였다. 이는 복숭아가 장수의 상징인 데다가 생명의 상징인 만큼 다산의 의미가 있기 때문이다. 아이를 많이 낳고 부부가 행복하게 해로하라는 의미다. 예전에 병문안을 갈 때 주로 복숭아 통조림을 들고 갔던 것도 복숭아에 담긴 장수와 액땜, 그리고 생명력의 회복이라는 민속적 의미가 담겨 있다고 풀이한다.

복숭아에 깃든 민속적 의미는 장수와 다산 그리고 생명의 상징뿐만이 아니다. 복숭아에는 귀신을 쫓는 힘도 있다. 그래서 복숭아 또는 복숭아나무는 액땜의 기능도 한다. 지금은 거의 사라진 풍속이지만, 옛날에는 섣달 그믐이면 도부(桃符)라는 부적을 대문에 내다 걸었다. 복숭아 부적

이라는 한자 뜻 그대로 복숭아나무로 만든 판자에 울루와 신도라는 신의 얼굴을 그리거나 글씨를 써놓은 것인데, 새해를 맞아 나쁜 기운을 쫓는 액땜의 의미가 있다.

마찬가지로 새봄이 왔다는 절기인 입춘, 그래서 새해의 의미가 있는 입춘에는 '입춘대길 건양다경'이라고 쓴 입춘첩을 붙인다. 새봄을 맞아 운수대통하고 양기가 깃들어 좋은 일 많이 생기라는 의미인데, 입춘첩의 풍속 역시 복숭아나무 판자를 붙이는 도부에서 비롯된 것이라고 주장하는 민속학자도 있다.

이런 풍속의 연장선상에서, 동양에서는 제사상에 복숭아를 놓지 않는다. 복숭아가 귀신을 쫓아내는 만큼 혼령이 된 조상님이 복숭아가 무서워 제사 음식을 드시러 찾아오지 못할 수 있기 때문이다.

복숭아 관련 풍속은 주변 여러 곳에서 여전히 심심치 않게 발견할 수 있다. 중국에서는 새해가 되면 신년을 맞이하는 연화(年畵)라는 그림으로 벽을 장식한다. 화교가 운영하는 우리나라 중국 음식점에서도 쉽게 볼 수 있다. 이 그림에 등장하는 소재는 축복과 길상의 상징물이다. 재물신으로 받드는 관우 그림도 있고 재물과 복을 몰고 온다는 어린 남녀 동자인 금동옥녀(金童玉女) 그림을 붙이기도 한다. 혹은 재물의 상징인 잉어를 그려놓기도 하는데, 여기에는 복숭아 그림도 빠지지 않는다. 장수와 축복 액땜을 비롯한 다양한 상징적 의미가 있다.

복숭아는 섹스 심볼도 된다. 긍정적 의미로는 옛날부터 어린 소녀가 복숭아를 먹으면 피부가 좋아지고 예뻐진다고 했다. 특히 예전 우리나라에서는 달밤에 복숭아를 먹으면 미인이 된다는 속설이 있었는데, 달콤한 복숭아에는 벌레가 많이 꼬이기 마련이니 등불 없는 어두운 밤에 먹어야 별다른 거부감 없이 먹을 수 있었던 모양이다.

반면 부정적으로 보면, 복숭아가 들어가는 단어는 대부분 음란물이 된다. 도색(桃色)은 문자 그대로는 복숭아색이라는 뜻이지만 도색 사진, 도색 잡지, 도색 영화를 비롯해 음란물은 모두 도색으로 치부된다. 복숭아꽃 팔자를 타고 났다는 도화살은 바람기가 많은 음란한 여자를 뜻하니, 옛날에는 기생이나 첩이 되는 바람직하지 못한 팔자로 꼽았고 문학적으로 수밀도는 여성의 풍만한 가슴을 표현할 때 쓰였다.

복숭아가 엉뚱하게 음란물의 심볼이 된 까닭으로 여러 풀이가 있고 복숭아의 생김새를 꼽기도 하지만, 근본 배경은 복숭아를 생명력의 원천으로 보기 때문이다. 여성의 가슴이나 자궁은 생명을 잉태하는 모체다. 즉 생명의 근원인데, 여기서 성적인 부분만 강조했을 때 음란으로 이어졌다는 것이다.

복숭아가 지닌
다양한 상징성

이렇게 복숭아는 한국과 일본, 중국 등지에서 다양한 상징성을 지녀왔다. 천상 세계의 과일이자 신선의 열매였고, 장수, 축복, 액땜, 다산의 상징이며, 섹스 심볼과 생명의 아이콘으로도 쓰였다. 복숭아가 이 같은 다양한 상징성을 지니게 된 이유는 무엇일까?

먼저 복숭아를 다산의 상징이며 생명력의 원천, 나아가 여체의 신비가 깃든 과일로 본 역사는 뿌리가 깊다. 일단 약 2,500여년 전 춘추시대 이전 주나라의 노래인 『시경』에 그 원형이 실려있다. 「도요(桃夭)」라는 제목의 시다.

"싱싱한 복숭아나무여 붉은 꽃이 화사하네, 시집가는 아가씨여 집안을 화목하게 하리 / 싱싱한 복숭아나무여 탐스런 열매 열렸네, 시집가는 아가씨여 집안을 화목하게 하리 / 싱싱한 복숭아나무여 푸른 잎이 무성하네, 시집가는 아가씨여 집안을 화목하게 하리."

이 시는 아리따운 아가씨가 시집가서 아이를 낳아 자손이 번성하는 과정을 복숭아꽃이 펴서 열매를 맺는 것에 비유하며 생명의 환희를 노래한 것으로 풀이한다. 지금으로부터 약 2,500~3,000년 전에 살았던 사람들이 복숭아를 바라봤던 시각이 반영되어 있는 시다.

귀신이 복숭아를 무서워한다는 믿음과 관련해서는 1세기 한나라 때 왕윤이 쓴 『논형』에 고대 중국 신화를 인용해 다음과 같은 이야기가 실려있다.

"창해에 도삭산이 있는데 그 위에 큰 복숭아나무가 있다. 구불구불 구부러진 것이 삼천리를 뻗었다. 가지 동북쪽에 문이 있어 모든 귀신들이 그 문으로 출입한다. 그 문에 두 명의 신이 있는데 한 명은 신도, 다른 한 명은 울루라고 한다. 두 신은 천제의 명에 따라 문을 지키며 귀신을 감시하는데 해악을 끼치는 귀신이 있으면 끈으로 묶어 호랑이에게 먹이로 던져주었다."

이렇게 다양한 문헌에 복숭아 상징의 원형이 실려 있지만 궁극적으로 그 뿌리는 고대 중국 신화집인 『산해경』에 실린 신화에서 찾는다. 그중 핵심은 고대 전설 속의 거인 과보 신화다.

"과보가 태양과 경주를 했는데 해질 무렵이 됐다. 목이 말라 황하와 위수의 물을 마셨는데 물이 부족해 북쪽 호수의 물을 마시러 가다가 도착하기 전 목이 말라 죽었다. 이때 지팡이를 버렸는데 그것이 변해 등림(鄧林)이 됐다."

황당무계하기 짝이 없는 내용이지만 풀이하면 과보라는 신이 죽었고 죽은 신의 몸을 퇴비로 삼아 지팡이가 나무로 부활해 숲을 이룬 것이 등림이라는 것이다. 등림은 좋은 나무들로 이뤄진 숲을 말하지만 보통은 복숭아밭을 일컫는다.

『산해경』에 실린 내용을 종합하면 복숭아는 신들이 사는 곳에서 사는 나무로 복숭아는 신이 죽어 다시 태어난 부활의 상징이다. 복숭아가 생명의 상징이 되는 이유다. 이렇듯 복숭아 문화에 일관 되게 흐르는 것은 생명 의식이다. 고대 중국의 토템 신앙과 생식숭배의 연장선에서 비롯된 것이 복숭아 문화였는데, 복숭아의 특성과 신화적, 문화적 상징성을 빌어 민속신앙이 출발하면서 복숭아가 생육 길상 장수의 상징이 됐다는 것이다.

지금까지 복숭아와 상징성과 신화적 배경을 살펴봤는데, 사실 이런 문화적 상징이 생긴 배경은 의외로 간단한 이유 때문일 수 있다. 복숭아는 먼 옛날부터 먹었던 몇 안 되는 최초의 과일 중 하나였고, 누구나 비교적 쉽게 먹을 수 있는 친숙한 과일이었다. 그러기에 옛날 동양에서는 모든 과일이 기승전 복숭아로 통했다. 새롭고 낯선 과일이 전해지면 대부분 복숭아라는 이름을 지었을 정도였다. 예컨대 견과류인 호두는 서역(胡)에서 전해진 복숭아(桃)라는 뜻에서 호두가 됐다. 앵두는 보석을 닮은 작은 복숭아, 또는 앵무새가 즐겨 먹는 복숭아라는 의미에서 앵도(櫻桃)다. 키위의 한자 이름은 미후도(獼猴桃)인데 원숭이가 좋아하는 복숭아라는 뜻 정도가 되겠고, 포도(葡萄)는 지금은 다른 한자를 쓰지만 고문헌에 적힌 포도의 한자는 갯가의 갈대에서 열리는 복숭아를 닮은 열매라는 뜻에서 포도(蒲桃)였다. 포도의 어원은 고대 페르시아인 부다와*budawa*를 음역한 것이라고 하지만 한자로 이름을 지을 때 복숭아와 연결 지었다는 점에서 동양에서 복숭아의 위상을 짐작할 수 있다.

이렇듯 고대 동양에서는 복숭아가 쉽게 따먹을 수 있고 생존을 보장해주는 열매였기에 과일의 대명사, 그리고 천상의 열매이며 신의 열매이자 불로장생의 과일이 된 것이 아닐까 싶다.

살구에 얽힌

이야기들

살구와 관련한 몇 가지 질문을 던져보겠다.

　먼저 첫 번째, 조선시대 과거시험에 장원급제하면 모자에 어사화를 꽂고 금의환향했다. 임금님이 내려준 꽃이어서 어사화인데, 인터넷을 검색하면 무궁화부터 능소화, 심지어 개나리까지 다양한 꽃 이름이 거론된다. 하지만 정답은 '잘 모른다' 내지는 '그때그때 달라요'이다. 어쩌면 '꽃이 아니다'가 올바른 답일 수도 있다. 종이를 오려서 만든 종이꽃인 경우도 많았기 때문이다. 하지만 처음부터 종이꽃은 아니었고 역사상 최초의 어사화는 살구꽃이었다고 보는 것이 일반적이다. 그렇다면 임금은 왜 장원 급제자에게 살구꽃을 내려주었을까?

두 번째 이야기를 보자. 살구나무 숲을 한자로는 살구나무 행(杏), 수풀 림(林)을 써서 '행림'이라고 쓴다. 그런데 행림에는 또 다른 의미가 있다. 살구나무와는 전혀 관련 없는 얼토당토않은 뜻이다. 의사를 높여 부를 때, 의술이 높은 명의를 행림이라고 했다. 살구와 의사는 어떤 관계가 있을까?

셋째, 우리에게 잘 알려진 동요를 살펴보자. "나의 살던 고향은 꽃피는 산골 / 복숭아꽃 살구꽃 아기 진달래 / 울긋불긋 꽃대궐 차리인 동네 / 그 속에서 놀던 때가 그립습니다." 대부분 과일나무가 그렇듯 요즘 살구나무는 과수원이 아니면 찾아보기 어렵다. 하지만 예전에는 달랐다. 동요 〈고향의 봄〉 가사에서도 미루어 짐작할 수 있듯, 예전에는 진달래꽃만큼이나 흔했던 것이 복숭아꽃이고 살구꽃이었다. 그렇다면 왜 마을마다 살구나무를 그렇게 많이 심었던 걸까?

장원급제하면 모자에 살구꽃을 꽂고, 의사를 살구나무 숲을 뜻하는 행림이라고 부르며, 동네 마을마다 살구나무를 심었던 이유. 결론부터 말하면 살구에 특별한 무언가가 있었기 때문이다. 살구의 역사, 이름, 그리고 쓰임새 등등을 조합해보면 그 실마리를 찾을 수 있다.

어 원 에 담 겨 진
살 구 의 역 사

먼저 살구의 역사다. 살구는 동서양에서 모두 즐겨 먹는 과일이다. 한국, 중국, 일본을 중심으로 동양에도 있고 유럽에서도 오래 전부터 재배해왔다. 하지만 태생은 동양 과일이었다. 태고 때부터 자랐다. 중국에서 가장 오래된 지리서 『산해경』에도 살구가 나온다. 산해경은 기원전 4세기 전국시대 때의 책으로 추정하는데 내용은 그리스 로마 신화만큼이나 황당무계한 이야기로 가득하지만 나름 의미가 있다.

어쨌든 이 책을 보면, "영산(靈山)에는 복숭아, 오얏, 매화, 살구나무가 많다(其木多桃李梅杏)"고 나온다. 영험할 령(靈)자를 쓰는 영산은 단순 지명일 수도 있고 신령들이 모여 살아 영험한 곳일 수도 있다. 살구는 복숭아, 오얏인 자두, 매화와 함께 그곳에서 자라는 나무다. 모두 먼 옛날부터 동양에서 자생했던 동북아 대표 과일이다.

고대 동양에서는 이 네 가지 과일 모두에 특별한 약효가 있다고 믿었다. 그런 맥락에서 재미있는 것이 살구의 어원이다. 우리말 살구에 대해서 정확한 어원이 전해지는 것은 아니지만, 조선 후기에 남겨진 살구 어원에 대한 연구는 이렇다.

먼저 죽일 살(殺), 개 구(狗)자를 써서 살구, 글자 뜻 그대로 풀이하면 개를 죽이는 열매여서 살구가 됐다는 것이다. 황당하기 짝이 없는 어원설인데 19세기 초, 순조 때 학자인 조재삼의 『송남잡지』에 시중에 떠도는 속설이 그렇다면서 실려있다.

풀이하면 개고기를 먹고 체했을 때 살구 내지 살구씨를 먹으면 치료할 수 있다는 말을 개를 죽이는 살구(殺狗)라고 표현한 것이다. 19세기 말의 문헌『동언고략』에도 비슷한 소리가 적혀있다. 행(杏)은 살구인데 개를 죽이는 살구(殺狗)라고 했다. 그러면서 본초에 이르기를 살구씨는 능히 개독을 없앤다(殺)고 덧붙였다. 즉 체했을 때 살구나 살구씨로 체기를 내렸다는 사실을 민간 어원설에서 짐작해볼 수 있다. 살구가 약재로서 폭 넓게 쓰였던 것으로 보인다.

또 하나, 우리말 살구는 조선 초『간이방언해(1489)』와『훈몽자회(1527)』에서 '술고'라고 했고『동의보감』에서 살구씨는 '고'라고 나온다. 그러니 옛날부터 살구라는 이름을 썼던 것은 확실하지만, 그 어원과 의미가 무엇인지는 명확하지 않다.

우리말 살구뿐만 아니라 한자인 '살구나무 행(杏)'의 어원에서도 살구에 대한 옛 사람의 인식을 엿볼 수 있다. 행은 나무 목(木) 아래에 입 구(口)자로 이뤄진 글자다. 이 글자가 어떻게 생겨난 글자인지 자원(字源)을 놓고 옛날 중국에서도 왈가왈부 말들이 많았다.

그중 하나가 살구나무 행에 들어있는 입 구(口)는 원래 옳을 가, 좋을 가(可)에서 비롯됐다는 것이다. 그래서 고대로부터 살구는 먹어도 좋은 열매라는 뜻에서 살구 행(杏)자가 생겼다는 풀이다.

다른 해석도 있다. 구(口)가 향할 향(向)에서 생겨난 글자라는 것이다. 향에는 북쪽이라는 뜻도 있고, 제사라는 의미도 있으니 옛날에는 제례에 써도 좋을 만큼 맛있는 과일이라는 해석이다.

또 다른 설명도 있다. 살구나무 행은 그저 나뭇가지에 살구나무가 열려있는 모양을 본 따서 만든 상형문자라는 것이다.

모두 명나라 의학서인『본초강목』을 비롯해 여러 중국 문헌에 나오는 자원에 대한 설명인데, 사실 어느 것이 맞는 말인지는 모른다. 다만 기원전 3세기 한자 사전인『석명(釋名)』에서는 살구를 달콤한 매실(甛梅)이라고 풀이했고 후한 때 한자사전인『설문해자』에서는 '살구는 과일이다(杏果也)'라고 했으니, 종합해보면 살구나무 행(杏)이라는 한자에는 살구가 먼 옛날부터 사랑받았던 과일, 먹어도 좋은 맛있는 과일이라는 의미가 내포되어 있었던 것은 분명하다.

영어로 살구는 '아프리코트apricot'인데 영어 어원에서도 서양에 살구가 전해진 과정을 포함해 독특한 역사를 찾아볼 수 있다. 먼저 아프리코트의 어원은 라틴어를 뿌리로 본다. 로마인들은 살구를 '말룸 프래코쿰malum praecoquum'이라고 불렀다. 이 말이 여러 나라 언어를 거치며 변하고 변해 영어 아프리코트가 됐다.

라틴어 말룸 프래코쿰 중에서 말룸은 열매, 또는 사과라는 뜻이다. 그리고 프래코쿰은 라틴어 형용사 프래코키스preaecoquis의 변형으로 '제철보다 빠르게 익는다early ripening'는 뜻이다. 그러니까 살구의 영어 이름 아프리코트는 철보다 빨리 익는 열매, 즉 조생종(早生種) 열매라는 뜻이 된다. 뜻밖의 어원인데 살구를 조생종 열매라고 부르게 된 데는 배경이 있다.

기원전 1세기 살구를 처음 본 로마인들은 살구를 복숭아의 일종이라고 생각했다. 복숭아꽃이나 살구꽃이 비슷한 데다가 옛날 로마에 전해진 종자는 열매도 비슷했기 때문일 것이다. 그런데 자세히 살펴보니 살구가 복숭아보다 꽃도 빨리 피고 열매도 더 빨리 열리는 것이었다. 그래서 조생종 복숭아 열매라고 불렀다는 것인데, 그 과정이 1세기 때의 박물학자 플리니우스가 쓴 『박물지』에 자세히 실려있다. 플리니우스는 "여름 끝 무렵에 익는 아시아 복숭아와 여름이 시작되면서 익는 조생 변종*praecocia=early ripening fruit*이 모두 최근 30년 사이에 발견됐다"고 적었다.

플리니우스의 『박물지』에 나오는 것처럼 살구는 기원전 1세기 내지는 서기 1세기 초반에 로마제국에 전해졌다. 로마에 처음 살구를 전한 사람은 기원전 75년부터 65년까지의 제3차 미트리다테스 전쟁을 승리로 이끌었던 로마의 장군이자 정치가 루쿨루스였다. 지금의 터키 아나폴리아 지방에 있던 폰토스 왕국과 아르메니아 연합국을 물리치면서 로마제국이 지중해 동쪽의 패권을 차지했던 전쟁을 이끌었던 장군이다. 그가 기원전 74년 귀국하면서 아르메니아 특산 과일이었던 살구를 로마에 처음 전했다. 살구의 학명을 프루누스 아르메니아카*prunus armeniaca*로 정한 것도 예전 유럽에서는 살

PLINE L'ANCIEN
Savant Naturaliste

∴ 서로마제국의 정치인이자 박물학자로서 『박물지』를 집필한 플리니우스

구 원산지를 아르메니아로 여겼던 것에서 비롯됐다.

한편 다시 어원 이야기로 돌아와서 라틴어 프래코쿰이 영어 아프리코트로 바뀌는 과정을 추적해보면, 살구가 어떤 경로를 통해 로마에서 유럽 전역으로 퍼졌는지도 알 수 있다.

로마인들이 부르던 이름은 먼저 동로마 지역인 비잔틴의 그리스어 *berikokkia*로 전해졌다. 이어 아랍어*al-birquq* 그리고 포르투갈어*albricoque*를 거쳐 스페인어 중에서도 바르셀로나 지방 언어인 카탈루냐어*abercoc*, 그리고 프랑스어*abricot*를 통해 1550년 무렵의 중세 영어*abrecock*를 거쳐 지금의 영어가 됐다. 약 1,500년에 걸쳐 유럽을 돌고 돌아 전해진 살구의 전파 경로가 영어 단어 하나에 고스란히 담겨있는 셈이다.

살구꽃,

어사화가 된 까닭

어원을 통해 살구의 역사를 살펴봤으니 이제 처음 던진 질문으로 돌아가 보자.

임금님은 언제부터 어사화를 하사했으며 왜 하필 살구꽃이었을까? 일단 어사화는 중국에서 시작해 우리나라에 전해진 풍속이다. 유래는 17세기 말 명말청초의 학자, 장대가 쓴 『야항선(夜航船)』에 보인다. 야항선은 '밤에 떠있는 배'라는 뜻으로, 당시 세상에 전해지는 이야기를 모아 엮은 책이다. 제목에서 짐작할 수 있듯 100% 믿을 것은 못되지만 참고

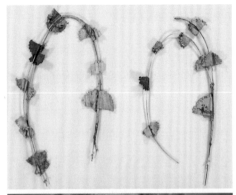

할 가치는 있다.

어사화의 유래에 대해 이 책에서는 당나라 17대 황제 의종이 과거에 새로 급제한 선비들이 동강(同江)에 모여 연회를 열고 있다는 소식을 듣고 꽃을 꺾어 술과 함께 금 쟁반에 담아 보내며 머리에 꽂고 술을 마시도록 한 것에서 비롯됐다고 나온다.

의종이 꽃을 꺾어 보낸 이유는 장원급제의 영광을 축하하기 위한 것이었는데 어떤 꽃을 보냈는지는 명시되어 있지 않지

∴ (위) 조선시대에 문무과에 급제한 사람에게 임금이 하사하던 종이꽃. 국립민속박물관 소장
∴ (아래) 어사화는 살구꽃에서 유래한 것으로 추측한다.

만 십중팔구 살구꽃이었을 것으로 추측한다. 그 이유는 이렇다. 과거제도는 당나라 때 본격적으로 시행됐는데 장원급제를 하면 축하잔치가 줄을 이어 열렸다. 그중 첫 번째로 열린 잔치가 '탐화연(探花宴)'이다. 당나라 때 세시풍속을 적은 『진중세시기』에는 진사가 되면 황제 주최로 제일 먼저 곡강 기슭, 살구꽃이 만발한 행원(杏苑)에서 꽃을 꺾어 놀며 급제를 축하했는데 그 잔치를 탐화연이라 일컬었다.

이 잔치를 '급제춘연(及第春宴)'이라고도 불렀는데 급제를 축하하는 봄 잔치라는 뜻이다. 여기서 파생되어 '행림춘연(杏林春燕)'이라는 말도 생겼으니, 살구꽃 정원의 봄 제비라는 뜻이지만 실제로는 살구꽃과 제비가 장원급제의 상징이라는 의미다. 마찬가지로 세간에서는 살구꽃을 '급제화(及第花)'라고 불렀으니, 급제 축하 잔치가 살구꽃이 만발한 살구나무 동산에서 열렸기 때문이다.

그래서 살구꽃이 필 때의 제비 그림은 출사를 꿈꾸는 선비에게 소원을 담은 그림이 되었고, 사람들은 꽃병에다 살구꽃 그림을 새겨 문갑에 올려놓고 밤새도록 글을 읽으며 관직에 오르는 꿈을 품었다고 한다.

처음 살구꽃 핀 정원에서 장원급제 축하잔치를 열고 살구꽃을 어사화로 내려 보낸 이유는 과거시험 발표가 살구꽃과 앵두꽃이 만발할 무렵인 이른 봄에 열렸기 때문이다. 사방에 살구꽃이 만발했기에 살구꽃을 꺾어 어사화로 삼았던 것인데, 이후에는 과거 보는 시기가 일정치 않아 언제부터인가 살구꽃 대신 다른 꽃으로, 그리고 꽃 대신 종이로 꽃모양의 종이꽃을 만들어 어사화로 삼게 됐다. 살구꽃이 장원급제의 상징이 되고 어사화가 된 내력이다.

장수의 비결,
살구씨

살구는 옛날부터 몸에 이로운 과일로 꼽혔다. 지금도 인터넷을 찾아보면 살구의 효능에 대한 정보가 쏟아져 나온다. 옛 사람들 또한 살구에 대한 별별 전설과 살구를 이용한 처방을 만들어냈다.

금단(金丹)이라는 약이 있다. 먹으면 죽지 않고 신선이 된다는 약 혹은 신선이 복용하는 약으로 알려져 있는데, 금단을 만들 때 들어가는 재료 중 하나가 살구씨다. 그래서 금단을 행금단(杏金丹) 혹은 행단(杏丹)이라고도 한다.

기원전 7세기 춘추시대에 하희(夏姬)라는 여인이 있었다. 진나라 절세미녀로 유명했지만 또한 문란하기가 그지없었다. 그래서 '살삼부일군일자(殺三夫一君一子), 망일국양경(亡一國兩卿)', 풀이하면 남편 셋과 임금 하나 자식 하나를 죽이고 한 나라와 두 명의 재상을 망하게 했다는 말을 들었으니, 나라를 말아먹을 정도의 미인이라는 뜻인 경국지색(傾國之色)이라는 말을 만들어낸 주인공이다. 전설에 의하면 하희는 남편과 자식, 임금을 죽게 했지만 정작 본인은 행금단을 장기 복용해서 700년을 산 후 마침내 신선이 됐다고 한다.

이렇게 몸에 좋다고 알려진 만큼, 살구 내지 살구씨는 다양한 음식에도 쓰였다. 행락(杏酪)은 쌀과 살구씨 그리고 설탕을 넣어 끓이는 죽인데, 예전에는

∴ 한약재의 재료로 사용되는 살구씨.
내려오는 전설에는 불로장생의 묘약인
금단의 재료로도 사용됐다.

한식 혹은 대보름 절식으로 먹었다. 행락을 먹으면 맛도 맛이지만 추위를 쫓는 데 좋고 가래를 없애준다고 한다. 살구의 효능이 특별하다고 믿었기 때문인지 외교 사절의 선물로도 쓰였다. 『고려사』에는 문종 32년 송나라 황제가 고려에 국서와 선물을 보내면서 살구씨로 빚은 법주 10병을 보냈다고 나온다.

이런 맥락에서 살구나무는 곧 실력 있는 의사를 상징하기도 했다. 한의학에서는 명의를 행림(杏林)이라고 하는데 이 말이 나오게 된 데는 배경이 있다. 중국 삼국시대에 동봉이라는 의사가 있었다. 오나라 사람으로 관우를 치료한 화타, 장중경과 함께 삼국시대 3대 명의로 꼽혔다는 인물이다. 의술에 정통한 동봉은 수많은 사람들의 질병을 치료해 주었는데 병을 고쳐주면서도 돈을 받지 않았다. 다만 치료의 대가로 자신의 정원에 살구나무를 심게 했다고 한다.

4세기 초, 진나라 때 갈홍이 쓴 『신선전』에 나오는 이야기로, 명의를 행림이라고 부르게 된 유래이다. 치료비 대신 살구나무를 심게 했다는 것은 곧 환자를 치료하기 위한 약재를 확보하기 위함일 거라 풀이한다. 동요 고향의 봄 가사처럼 나의 살던 고향에 복숭아꽃 살구꽃이 만발했던 이유도 비슷한 이유가 아니었을까 싶다.

자두는 가장 흔했던 백성의 열매

자두를 성씨로
삼은 이유

자두는 평범하기 그지없는 과일이다. 그런데 이씨는 왜 오얏, 즉 자두를 성씨로 삼았을까? 이(李)자 성의 유래에는 여러 설이 있는데 그중 하나는 춘추시대 도교를 대표하는 성인, 노자에서 비롯됐다는 설이다. 노자의 속세 이름은 이이(李耳)로 처음으로 이씨 성을 사용했으니 여기에는 유래가 있다.

∴ 『도덕경』을 전파하는 노자, 16세기 작품

　"혹자가 말하기를 노자 어머니가 임신한 지 81년째 되던 어느 날, 자두나무 아래를 거닐었는데 노자가 왼쪽 겨드랑이를 찢고 태어나 자두나무를 가리키니 이를 성으로 삼았다."

　조선 정조 때의 대학자 서명응이 쓴 『도덕지귀(道德指歸)』「노자본전(老子本傳)」에 나오는 내용이다. 여기서 혹자는 당나라 장수절이 쓴 사기(史記)의 주석서 『사기정의(史記正義)』를 말하는 것으로 보인다. 이 책에 노자가 자두나무 아래에서 태어났다는 이야기가 실려있기 때문이다. 어쨌거나 터무니없어 보이는 소리에 일일이 출처를 밝힌 이유는 이씨 성의 유래가 옛날 시정잡배들이 멋대로 떠들었던 이야기만은 아니었다는 것을 강조하기 위함이다.

　또 다른 설은 관직명에서 비롯됐다는 것이다. 중국에서 전설의 요임금 때 이관(理官)이라는 관직을 지낸 사람의 자손들이 이(理)를 성으로 삼왔다. 그런데 훗날 은나라 때 이징(理徵)이라는 사람이 왕의 폭정을 피해 달아나 자두로 허기를 채우며 살았다. 은나라가 망하고 다시 돌아온 이 징이 자두나무의 은혜를 기억하며 성씨의 한자를 이(理)에서 이(李)로 바꿨다는 것이다.

이밖에도 여러 유래설이 있지만, 어쨌든 자두나무와 관련해 이씨 성의 유래가 전하는 메시지는 미루어 짐작할 수 있다.

고대 동양에서는 자두나무가 무척 흔했고 열매는 양식으로 사용되었다. 즉 고대에 오얏나무(李)와 거기서 열리는 자두는 배고픈 백성을 살리는 나무이고 열매였다. 그러니 은나라 때 이징(理徵)의 사례처럼, 직접 자두로 인해 혜택을 받았건 혹은 자두의 덕목을 기린다는 의미에서건 자두(李)를 성으로 삼았던 것이다.

옛날에 자두가 얼마나 많고 흔했는지는 글자의 모양에서도 확인할 수

❖ 동양에서 자두나무는 가장 흔한 나무 중 하나였다.

있다. 자두의 옛 이름인 오얏은 어원이 특별히 밝혀진 바가 없다. 반면 한자인 '오얏 이(李)'에는 의미가 있다. 나무 목(木)과 아들 자(子)로 이뤄진 글자지만 단순하게 두 글자를 합쳐 놓은 것이 아니라 실은 열매가 주렁주렁 많이 달린 나무의 모습을 형상화한 상형문자다. 그래서 송나라 때 나무와 풀, 새, 동물 등 여섯 종류 사물의 이름을 풀이한 『이아익(爾雅翼)』에서는 오얏 리가 열매를 많이 맺는 나무(李, 木之多子者)라고 풀이했다. 네이버 한자사전에서도 李자는 과일을 많이 맺는 자두나무에 빗대어 만든 글자로 마치 나무가 아이를 낳는 듯한 모습으로 그려졌다고 풀이해놓았다.

뿐만 아니라 전해지는 갖가지 속담과 옛 이야기를 통해서도 미루어 짐작할 수 있다. 먼저 옛 속담에 '참외밭에서는 신발을 다시 신지 말고 자두나무 아래에서는 머리에 쓴 갓을 고쳐 쓰지 말라(瓜田不納履 李下不整冠)'고 했다. 참외와 자두를 훔치려는 것으로 오해할 수 있으니 아무리 사소한 물건을 앞에 두고라도 아예 의심받을 행동을 삼가라는 뜻이다. 자두와 참외가 너무 많아 흔했기에 사소한 것의 상징으로 삼았던 것인데 자두를 사례로 든 이런 고사가 한두 가지가 아니다.

중국 진(晉)나라에 화교라는 사람이 있었다. 재산이 많아 임금이 부럽지 않았음에도 계속 돈을 모으기만 할 뿐 인색하기가 짝이 없었다. 그의 집 정원에 자두나무가 있었는데 그가 외출한 틈을 타 동생들이 몰려와 자두를 따 먹었다. 그러자 나중에 먹고 버린 씨를 계산해 돈을 받아냈다고 하는 '계핵책전(計核責錢)'의 고사가 『세설신어』에 나온다.

인색함을 자두에 빗댄 고사는 또 있다. 역시 진(晉)나라 때다. 왕융이라는 구두쇠가 집안에 좋은 자두나무가 있어 열매를 내다 팔았는데 사람

들이 그 종자를 심을까 두려워 항상 씨앗에 구멍을 뚫었다고 한다. 역사
책 『잔서(晉書)』에 실려있는 이야기다.

알렉산더 대왕에서
자두전쟁까지

자두는 미국이나 유럽에서도 많이 먹는 과일이다. 서양 자두의 역사 또
한 자두를 뜻하는 영어 단어의 어원을 통해 짐작해볼 수 있다. 영어로 생
과일 자두는 플럼plum, 그리고 말린 자두는 프룬prune이다. 말린 자두 프
룬은 플럼에서 나온 것으로 보는데 플럼의 의미는 밝혀지지 않았다. 다
만 소아시아 미노르 지방에서 부르던 플럼 비슷한 이름이 전해져 현대의
영어 플럼이 됐을 것이라는 정도로만 알려졌다.

   플럼이 어떤 뜻이었는지는 알 수 없지만 영어 단어에 플럼이 전해진
경로를 보면 유럽에 자두가 어떻게 전해졌는지는 알 수 있다. 자두는 먼
옛날부터 영국에 전해졌던 모양이다. 고대 영어에서는 자두를 플루메
plume라고 했는데 이 단어의 어원을 거슬러 올라가면 고대 게르만어, 라틴
어, 고대 그리스어에서 비롯됐다고 한다. 그리고 고대 그리스어는 지금
의 터키 지역인 아타톨리아 고원, 옛날의 소아시아 미노르 지방에서 부
르던 이름을 그대로 가져온 것으로 추정한다. 복숭아 살구와 마찬가지로
동방의 과일, 자두가 실크로드를 따라 유럽에 퍼진 경로다.

   자두를 지중해 세계에 퍼트린 인물은 기원전 4세기 무렵의 알렉산더

대왕이다. 동방원정을 통해 자두를 마케도니아와 그리스 일대에 전했다. 하지만 자두를 로마제국은 물론이고 지중해 세계와 유럽 전역으로 퍼트린 것은 로마인들이다. 로마에는 기원전 65년인 공화정 말기에 군인이자 정치가였던 폼페이우스가 종자를 가져와 퍼트렸다.

이후 로마에서 자두는 특별한 과일이 됐다. 로마인의 식탁과 연회에 올랐던 말린 과일로 무화과, 대추야자와 함께 자두도 있었다. 말린 무화과와 대추야자는 옛날부터 중동과 로마에서 양식처럼 먹었던 과일이었으니 로마에서는 말린 자두 역시 식량처럼 먹었다는 이야기다.

❖ 자두를 지중해에 퍼트린 알렉산더 대왕. 터키 이스탄불 고고학박물관에 소장된 흉상

그런 이유 때문인지 1세기 후반, 플리니우스의 『박물지』에 자두에 대한 언급이 30여 군데에 나온다. 로마시대 자체 재배만으로는 부족했는지 중동에서 자두를 대량 수입했는데 시리아의 다카스커스가 주요 자두 수출기지였다.

유럽인에게 자두가 어떤 과일이었는지를 보여주는 또 다른 사례는 프로이센의 프리드리히 대왕과 오스트리아의 마리아 테레지아가 싸운 바이에른 왕위 계승 전쟁이다. 군사력이 비슷했던 두 나라가 서로 대치하

∴ 오스트리아 마리아 테레지아 여왕 초상

면서 지구전을 펼치다 결국은 식량 확보에 주력하게 되는데, 그래서 프로이센에서는 이 전쟁을 '감자전쟁Potato War'이라고 불렀다. 반면 오스트리아에서는 이 전쟁을 '자두전쟁Plum War'라고 했다. 자두가 특히 말린 자두가 양식으로 쓰였음을 보여준다.

그리고 보면 동양이나 서양이나 자두는 단순한 과일이 아니라 백성을 먹여 살린 과일이었던 셈이다. 너무나 흔하면 그 진가가 잘 드러나지 않는 법인데 고대에 노자가 자두나무 아래서 태어났다고 한 이유, 이씨가 자두를 성씨로 삼았던 배경은 이런 자두의 진가를 일찌감치 알아봤기 때문이 아니었을까 싶다.

신맛 때문에 최고가 된 매실

동양 최초의
조미료

매실은 우리한테 아주 쓸모가 많은 열매다. 음식 맛을 내는 데 쓰는 매실청에서부터 매실차, 매실 잼과 반찬으로 먹는 매실 장아찌에 이르기까지 친숙하게 접할 수 있다. 하지만 다른 한편으로는 낯선 부분도 없지 않다. 너무 시어서 과일로 직접 먹는 경우는 없기 때문이다. 학문적으로 정의하면 매실도 당연히 과일이다. 하지만 상식적으로는 애매한 부분이 없지 않다.

옛 사람들이 매실을 얼마나 시다고 생각했는지는 이름에서 알 수 있다. 우리가 매화나무라고 풀이하는 '매(梅)'라는 한자는 시디 신 열매가 열리는 나무라는 뜻에서 비롯됐다. 그 어원에 대해서는 상당히 복잡한 설명이 필요하지만 정리해보면 이렇다.

약 1,900년 전의 한자사전인 『설문해자』에 따르면 지금과 달리 고대에는 매화나무 매(梅) 대신 염(楳)이라는 글자를 썼다. 염은 나무 목(木)에 무성할 염(枾)으로 이뤄진 글자다. 매화나무 가지에 매실이 다닥다닥 달린 모습이 무성해 보였기 때문인데, 매화나무의 특성을 충분히 나타내지 못했다고 생각했던 모양이다.

♣ 약 1,900년 전의 한자사전인 『설문해자』

그래서 새롭게 쓰게 된 한자가 나무 목(木)변에 아무 모(某)로 이뤄진 매(楳)라는 글자다. 모(某)라는 한자는 달 감(甘)처럼 보이지만 실은 입 구(口) 아래 나무 목(木)으로 구성된 글자다. 입 속에 넣어도 좋은 열매가 열리는 나무라는 의미다. 이런 뜻의 매(楳)자가 후에 변형이 되면서 지금의 매(梅)자가 됐다. 입에 넣을 수 있는 열매는 그만큼 유용하다는 뜻이다. 매실이 얼마나 쓸모가 많았기에 이런 한자 이름을 갖게 됐을까?

매실은 동양에서 가장 오래 된 과일 중 하나이다. 앞서 계속 이야기한 것처럼, 중국에서 가장 오래 된 신화집인『산해경』에 산에 매화나무가 가득하다는 내용이 보인다. 매실은 복숭아, 자두(오얏), 살구와 함께 고대로부터 동양에서 자생했던, 그래서 흔하게 볼 수 있었던 과일이었다.

어렵지 않게 구할 수 있었던 데다 신맛이 강하게 나는 매실은 다른 과일과는 또 다른 용도로 쓰였다. 음식의 맛을 내는 조미료가 됐던 것이다. 매실은 소금과 함께 인류 최초, 동양 최초의 조미료였다. 고대에 매실이 얼마나 중요했는지 옛 고사에서 그 역할을 알 수 있다.

고대 중국 상나라에 부열이라는 유명한 재상이 있었다. 상나라 왕 무정 밑에서 승상을 지냈던 인물인데, 원래는 죄를 지어 강제노역에 끌려가 성을 쌓는 일을 하고 있었다. 당시 나라를 잘 다스릴 어진 신하를 찾고 있던 무정이 어느 날 꿈에 성인을 만났다. 그런데 꿈에서 깨어난 후에도 그 성인의 모습이 생생하게 기억에 남았기에 화공을 시켜 그 모습을 그리게 한 후 비슷한 사람을 찾도록 했다. 그렇게 발견한 사람이 부열이다. 무정은 부열을 발탁해 재상으로 삼았는데 과연 꿈에서 본 것처럼 나라를 잘 다스려 백성들로부터 명재상 소리를 들었다. 그리고 죽어서는 하늘의 별이 됐다고 한다. 한마디로 별별 신화를 다 만들어냈을 정도의 전설적인 인물이었다.

사서삼경 중 하나인『서경』에는 상나라 왕 무정이 부열에게 재상을 맡기면서 이렇게 말했다고 나온다.

"내가 술과 단술을 만들면 너를 누룩과 엿기름으로 삼을 것이고, 내가 국을 요리하거든 네가 소금과 매실(鹽梅)이 되어라."

태평성대를 만드는 데 필요한 소금과 매실이 되어달라고 당부했던 것인데, 세상의 빛과 소금이 되라는 성경 구절과 비교했을 때 빛에 해당하는 것이 매실이었다. 옛날에는 매실이 평범한 조미료 이상의 의미가 있다고 한 이유다.

상나라 왕 무정은 기원전 1250년~기원전 1192년에 살았던 사람이다. 지금으로부터 약 3,400년 전의 인물이니 이때는 음식 맛을 내는 변변한 조미료가 없을 때였다. 요리에 필수적인 소금 역시 산지가 아니라면 금값보다 더 비쌌을 때이니 매실은 그만큼 음식 맛을 내려면 빠질 수 없는 최고의 조미료 중 하나였다.

임금님이 내려주는
여름 보양 음료

이밖에도 우리가 알고 있는 고사 곳곳에서 매실이 특별하게 쓰였음을 발견할 수 있다. 중국 삼국시대 때 조조가 군사를 이끌고 멀리 원정을 떠났다. 행군 도중 물이 떨어져 병사들이 고통을 겪자 말채찍으로 앞을 가리키며 말했다. "저 앞에 넓은 매실나무 숲이 있다. 나무에 열린 매실이 시고도 달아 우리 목을 축이기에 충분할 것이니 잠시만 참고 힘을 내자." 이 말을 들은 병사들이 매실의 신맛을 떠올리자 입안에 침이 돌아 갈증을 잊었고 곧이어 물을 찾아 목마름을 해소했다고 한다. 매실을 떠올리며 갈증을 멈춘다는 '망매지갈(望梅止渴)'의 고사로 『세설신어』에 나온다. 원래는 조조의 간사함을 비판하면서 거짓된 말과 행동으로 원하는 목적을 이룬다는 뜻으로 쓰이는 고사지만, 어쨌거나 매실을 얼마나 다양한 용도로 사용했는지를 엿볼 수 있는 대목이다.

매실과 관련된 또 다른 일화도 있다. 유비가 조조에게 몸을 의탁하던 시절, 조조는 유비를 불러 술을 한 잔 하자고 청한다. 술주전자에 안주로 준비한 매실을 넣어 데운 매실주를 권하며 세상에 영웅이 우리 둘 밖에 없지 않느냐고 속내를 떠봤는데, 이때 마침 천둥이 치자 유비는 천둥소리에 놀란 것처럼 연기를 해 위기를 모면했다. '청매실을 안주 삼아 영웅을 논하다'라는 '청매자주논영웅(靑梅煮酒論英雄)'의 고사다.

확실히 매실은 갈증을 해소하고 열을 내려주는 것은 물론 경우에 따라서는 임금님이 특별한 날에 내려주는 약효 뛰어난 하사품이 되기도 했다. 해마다 단오 이후 여름이 시작될 무렵이면 임금이 궁중 약국인 내의원에 제조를 명해서 신하들에게 나누어주었다는 '제호탕'이 그것이다.

❧ 『삼국지연의』 삽화. 매실 안주를 앞에 두고
　유비의 속내를 떠보는 조조

『국조보감』에는 정조가 여름이면 제호탕과 함께 생강과 계피로 환약을 만들어 "특별히 더위를 씻게 하려는 것이니 여러 사람과 나누어 먹으라"며 하사했다고 적혀있다. 조선에 왔던 일본 사신이 제호탕을 한 번 맛보고는 평생 그 맛을 잊지 못했다는 기록도 있다. 효종 때 조선통신사로 일본에 간 남용익이 마중 나온 일본 관리에게 제호탕을 선물하자 "13년 만에 조선의 별미를 다시 맛보게 됐다"며 좋아했다는 내용이 그의 문집인 『부상일기』에 보인다.

❖ 조선의 역대 임금들의 활동 중 모범이 되는 내용을 사실을 뽑아 적은 『국조보감』

제호탕이 도대체 어떤 음료이기에 한 사발 얻어 마신 사람들이 국내외를 막론하고 그토록 감격해했을까? 제호탕을 처음 들어본다는 분들이 대부분이겠지만, 최대한 단순화해서 말하자면 매실차를 일컫는 말이다. 물론 지금 시중에서 파는 매실차는 물론, 집에서 매실청으로 만드는 매실차와도 많이 다르다. 훨씬 고급이다. 단순히 값비싼 정도가 아니라 차원이 다르다. 오매(烏梅)에 사인(砂仁), 백단(白檀), 초과(草果), 사향(麝香)을 곱게 빻은 가루를 꿀에 재워 끓였다가 냉수에 타서 마시는 음료이기 때문이다.

오매는 덜 익은 푸른 매실을 따 씨를 제거한 과육을 연기에 훈제한 매실이다. 사인은 생강과 비슷한 약재, 백단은 조선시대에 인도에서 수입한 한약재고, 초과 역시 생강과에 속하는 수입 약재로 주로 차와 음식에 넣는 향신료다. 사향은 사향노루에서 채취하는 향수의 원료다. 지금은 구하기가 그렇게 어렵지 않지만 조선시대에는 가격도 엄청날뿐더러 재료 구하기도 쉽지 않았다. 하지만 엄청나게 느껴지는 이런 한약재들도 사실은 보조 역할을 할 뿐 어쨌거나 제호탕의 핵심 재료는 매실이다.

매실은 덜 익은 매실인 청매에서부터 잘 익은 황매, 훈제해 만드는 오매, 소금이나 볕에 말려 만드는 백매에 이르기까지 용도에 따라 이용 방법이 다양한데, 앞서 언급한 것처럼『동의보감』에는 모두 성질이 평순하고 맛이 시며 갈증과 열을 없애준다고 나온다. 현대식으로 풀이하면 매실은 알칼리성 식품으로 그 속에 포함된 구연산은 해독과 살균작용, 사과산은 신맛이 강해 피로회복과 입맛을 돋우는 효과가 있다는 것이다.

때문에 여름에 마시면 갈증도 해소하지만 위와 장을 튼튼히 해 근본적으로 여름철 더위를 견디게 해주는데, 얼마나 시원한지 마시면 정신이 번쩍 들 정도여서 이름까지 '제호탕'이라고 지었다고 한다.

참고로 제호(醍醐)는『서유기』에 나오는 삼장법사의 모델인 당나라 현장법사가 불경을 번역하며 만든 말로, 산스크리트어 만다*manda*를 한자로 옮긴 단어다. '본질' 혹은 '에센스'라는 뜻으로 본질을 깨달으면 모든 번뇌가 사라지고 정신이 상쾌해진다는 뜻이다. 그만큼 마시면 진리를 깨달은 것처럼 정신이 깨끗하고 맑아진다는 음료라는 의미다.

전 시 물 자 로
널 리 퍼 진 우 메 보 시

매실에 연기를 씌워 훈제한 검은 매실 오매(烏梅)는 다른 최고급 약재와 함께 제호탕의 원료로 썼지만, 소금에 절이거나 햇볕에 말린 하얀 매실 백매(白梅)는 음식 맛을 내거나 밥 먹을 때 입맛을 돋우는 반찬으로도 썼다.

일본에서 많이 먹는 매실 절임 우메보시(梅干し)도 소금에 절여 만든 매실이니까 백매의 일종이라고 할 수 있다. 일본인들이 우메보시를 즐겨 먹고 널리 퍼진 이유는 일본의 환경과 관계가 깊은 것으로 본다. 매실에는 살균과 방부효과가 있기 때문에 밥 위에 올려놓으면 밥과 반찬이 쉽게 상하지 않고, 생선 요리에 넣으면 비린내가 사라지면서 맛이 깔끔해진다. 때문에 일본의 습한 기후에 적합한 절임 식품이 바로 우메보시라는 것이다.

중국에서는 소금에 절인 매실이 6세기 무렵의 『제민요술』에 등장하는데, 일본의 경우 매실 절임은 10~11세기에 발달하기 시작한 것으로 보고 있다. 이때만 해도 우메보시는 귀족들이 먹는 반찬 내지는 약용으로 쓰였다. 이후 13~14세기 일본에서 무신정권이 들어선 가마쿠라 시대에 무사 계층에서 우메보시가 널리 퍼졌다. 무인의 밥상에 반드시 올리는 반찬, 그리고 전쟁에 출전할 때 휴대하는 식품으로 널리 퍼졌기에, 우메보시는 행운을 부르는 음식으로도 인식되었다. 동시에 이 무렵 승려들이 차를 마실 때 차와 곁들여 먹는 다과로 우메보시를 먹었다니까 매실 절임은 여전히 상류층의 고급 음식이었다.

이후 일본이 전쟁이 끊이지 않았던 전국시대로 접어들면서 우메보시는 더욱 쓰임새가 많아졌다. 병사들의 무기와 장비 등에 대한 기록을 정리한 에도시대의 역사책 『잡병물어(雜兵物語)』에는 전쟁에 나서는 무사가 지금의 배낭격인 음식주머니에 우메보시환을 항상 휴대하고 다녔다

❖ 전국시대의 일본에 중요 전쟁 물자였던 우메보시

고 나온다.

우메보시환은 매실의 과육과 쌀가루, 설탕가루를 반죽한 것으로 치열한 전투로 지쳤을 때, 또는 긴 행군으로 목이 타들어갈 만큼 갈증이 심하고 힘이 빠졌을 때 조미료를 겸해서 먹었다고 한다. 혹은 논물 등을 마셔야 할 때 살균 목적으로 타서 마셨다고 한다. 그러면 매실의 신맛 덕분에 침이 나와 갈증을 해소하고 또 소독 효과를 거둘 수 있었다는 것이다.

일본에서 절인 매실 장아찌인 우메보시가 널리 퍼진 배경에는 이렇게 전쟁이 끊이지 않았던 일본 전국시대가 큰 몫을 차지한다. 그러다 전국시대가 지나고 평화기인 에도시대에 접어들어서는 과거 일부 상류층이나 전시물자로만 먹던 매실 장아찌가 서민들 가정에도 널리 퍼지면서 일본의 국민 반찬으로 자리 잡게 된다.

다만 행운을 부르는 음식에 대한 이미지는 고스란히 이어졌다. 그래서 아직도 일본에서는 섣달 그믐날이나 입춘 전날, 절인 매실에 뜨거운 물을 부어 복차(福茶)라며 마시기도 하고, 설날에는 설 음식인 오세치 요리 중 하나로 검은 콩과 절인 매실을 먹는다.

터키의 항구 이름에서 따온 체리

체리 주빌레의 원조는
따로 있다

체리는 여러모로 앵두와 닮았다. 족보는 엄연히 달라도 생김새부터 맛까지 비슷하지만 그중에서도 결정적인 공통점이 한 가지 있다. 잔치에 쓰였던 과일이었다는 점이다. 그것도 보통 잔치가 아닌 특별한 연회를 기념하고 장식하는 과일이었다.

　대표적인 것이 체리 주빌레다. 익숙한 이름 때문에 대부분이 특정 브랜드의 체리맛 아이스크림을 먼저 떠올릴 텐데, 사실 이 아이스크림은 어느 특별한 연회에 나왔던 디저트 체리 주빌레를 차용해 만든 것이다.

그렇다면 오리지널 체리 주빌레는 어떤 음식이었을까? 체리*Cherry*는 과일 이름이고, 주빌레*Jubilee*는 기념일이라는 뜻이다. 그것도 일반적인 기념일이 아닌 50주년, 100주년 같은 특별한 날을 주빌레라고 한다. 그 런 만큼 체리 주빌레는 특별한 날을 위해 만든 체리 소스의 이름이었는데, 바로 1897년에 거행된 영국 빅토리아 여왕의 즉위 60주년 기념식, 즉 다이아몬드 주빌레*Diamond Jubilee*를 위해 만든 것이다.

A. Escoffier

❖ 원조 체리 주빌레를 개발한 19세기의 유명
프랑스 셰프 에스코피에

인도 무굴제국을 병합해 인도 황제를 겸했고, 청나라를 무릎 꿇렸던 여왕, 그래서 지구상에서 해가 지지 않는 나라 영국을 만들었던 바로 그 여왕이다. 이런 빅토리아 여왕이었기에 19세기 말 유럽에서 이름을 날렸던 프랑스 셰프, 어귀스트 에스코피에*Auguste Escoffier*가 개발해 여왕에게 헌정했다. 앞서 얘기했던 것처럼, 에스코피에는 귀족들의 음식이었던 프랑스 요리를 대중화시켜 유명해진 요리사다.

체리 주빌레를 만들기 위해서는 버터와 설탕을 녹인 후 오렌지 껍질과 즙으로 향을 더한 다음 브랜디를 붓는다. 그리고 불을 붙여 알코올은 날리고 브랜디 향만 남긴 후 체리를 넣고 졸여서 만드는 소스다. 소스가 만들어지면 보통은 바닐라 아이스크림에 체리 주빌레 소스를 끼얹어서, 아이스크림과 체리 향 소스, 체리를 함께 즐기며 디저트로 먹는다.

그렇다면 체리 주빌레가 빅토리아 여왕 즉위 60주년 만찬이 끝난 지 100년이 넘는 지금까지 그 이름과 레시피가 이어지고 있는 이유는 무엇일까? 주빌레에 선보였기 때문이라거나 유명 셰프가 만들었다는 이유도 있겠지만, 거기에 더해 지극히 서민적인 과일로 비범한 디저트를 만들어냈기 때문일지도 모른다. 유럽에서, 특히 19세기 유럽에서 체리는 인기 있고 값비싼 과일이 아니었다. 사과, 자두와 함께 평범하고 흔했던 과일 중 하나였을 뿐이다. 어쩌면 외국의 진귀한 과일이 넘쳐나는 연회 석상에서 평범하기 그지없는 체리로 만든 소스였기에 가치를 더 평가받았을 수도 있다.

로마 군인들이 만들어낸
체리나무 가로수길

영어 체리의 어원은 노르망디 지방의 중세 프랑스어 세리즈*cherise*에서 왔고 그 뿌리를 거슬러 올라가면 로마시대의 라틴어 케라수스*cerasus*에서 비롯됐다. 그리고 그 기원은 고대 그리스어 케라소스*kerasous*라고 한다. 그러면 케라소스는 무슨 뜻일까?

일단은 마을 이름이다. 고대 소아시아 미노르*Minor* 지방, 구글 지도에서 확인해보면 지금의 터키 아나톨리아 고원 북동부의 흑해에 인접해 있는 항구 도시 기레순*Giresun* 부근에 있었던 마을이다. 고대에는 그곳에 체리나무가 무성했다고 한다. 체리 숲을 이룬 덕분에 체리가 많이 열렸고 그래서 그 열매를 따다 이곳저곳에 팔았다고 한다. 그만큼 고대 지중해 세계에서 체리의 주요 산지로 꼽혔던 곳이다. 지금으로부터 약 2,000년 전, 케라소스라는 마을을 통해 체리가 그리스로 수출됐고 이어 로마로 전해지면서 마을 이름이 과일 이름이 된 것이다.

케라소스 마을에서 그리스와 로마제국으로 퍼졌던 체리는 14세기 프랑스 왕 샤를 5세가 왕실 소유의 과수원에다 체리나무 1,000그루를 가져다 심으면서 프랑스에 퍼졌다. 이후 16세기에 영국왕 헨리 8세가 노르망디에서 체리 열매를 맛본 후 체리나무를 영국으로 옮겨와 퍼트렸다고 하니까, 체리라는 열매 이름의 어원을 추적하는 과정은 곧 유럽 전체에 체리나무가 퍼지는 경로인 셈이다.

전파 경로의 구체적인 과정을 보다 상세히 살펴보자. 우선 체리를 세상에 퍼트리는 데 일차적으로 그리고 결정적으로 기여한 나라는 2,000년 전의 로마제국이다. 지금의 체리는 숱한 품종개량을 통해 생겨났지만 고대 체리의 원산지는 북반구 온대지방이다. 아주 춥지도 덥지도 않은 지역에서 두루 자랐던 서양 벚나무 열매였는데, 체리의 어원에서 알 수 있는 것처럼 서반구에서는 지금의 터키 일대에서 많이 자랐다. 이런 체리가 기원전 1세기 로마제국을 통해 유럽에 퍼지게 됐는데 처음 로마에 체리를 전파한 인물은 로마 장군 루쿨루스*Lucius Licinius Lucullus*였다. 그는 기원전 75년부터 65년까지 로마가 지금의 터키 아나톨리아 지방과 아르메니아 일대에서 지중해 동쪽의 패권을 차지하려고 싸웠던 미트리다테스 전쟁에 참전했던 인물이다. 이때 지휘관이었던 루쿨루스가 기원전 74년에 귀국하면서 현지의 특산 과일이었던 체리와 살구를 로마에 처음 전했다고 한다.

루쿨루스는 이 낯선 과일이 마음에 들었던 모양이다. 엄청난 부자이면서 미식가였던 만큼 자신의 농장 곳곳에 체리나무를 심었다. 루쿨루스가 체리를 얼마나 좋아하고 자랑스럽게 여겼는지, 저장한 체리가 바닥난 사실을 알고는 절망에 빠져 자살했다는 소문까지 돌았을 정도였다. 물론 공식 기록에는 루쿨루스가 병사했다고 나오지만 자살설이 돌았을 만큼 그의 체리 사랑이 유별났던 모양이다.

어쨌든 로마제국이 전성기에 접어들 무렵인 기

∴ 로마 장군 루쿨루스의 모습

원전 1세기 로마에서는 귀족들이 해외에서 구해온 진기한 동물이나 물고기, 과일과 채소를 키우면서 손님을 초대해 자랑하는 것이 관습이었다. 체리 역시 루쿨루스의 잔치에 초대 받은 로마 귀족들을 통해 로마사회에 퍼졌고, 곧이어 대중적인 인기를 얻었다.

체리를 먹어본 로마인들은 시민과 군인 할 것 없이 곧 체리 사랑에 빠졌고, 로마제국은 군인들에게 간식으로 체리를 지급하기 시작했다. 병사들은 행군하면서 체리를 먹었는데, 먹고 난 체리 씨를 길가에 뱉었다. 그러자 로마군단이 지나간 로마가도 주변에는 자연스럽게 지금의 우리나라 벚꽃 길처럼 체리나무 가로수길이 생겼다고 한다. 로마군단 때문에 체리나무 가로수길이 생겼다는 것은 속설로 전해지는 이야기지만, 그만큼 로마인들이 체리를 좋아하고 많이 먹었다는 것은 분명해 보인다.

기원전 1세기 로마의 해군 제독이자 박물학자였던 플리니우스가 쓴 『박물지』에는 당시 로마에는 체리나무 종류가 7~8종이 있었다고 기록했다. 뿐만 아니라 박물지에는 체리에 관한 이야기가 다양하게 실려있다. 루쿨루스가 로마에 체리를 처음 전한 것이 기원전 74년이고 플리니우스가 사망한 해가 서기 79년이니까 대략 100년 사이에 로마에 여러 종의 체리나무가 퍼졌다는 것이니, 그만큼 로마인들이 체리를 좋아했다는 반증이 아닐까 싶다.

체리가 로마군인의 보급품이었기 때문인지 혹은 로마인들이 체리를 좋아했기 때문인지 로마인들은 속주 곳곳에 체리를 전파했다. 지금의 영국인 브리타니아와 프랑스인 갈리아에도 체리를 전했는데 포도주를 음료수처럼 마셨던 로마인들이었으니까 포도가 재배되지 않는 지역에서는 포도주를 대신할 음료를 만들기 위해 체리를 심었던 것일 수도 있다.

그런데 무슨 까닭인지 로마인의 진출과 함께 퍼졌던 유럽의 체리나무는 로마제국의 멸망과 함께 사라져버린다. 그러다가 중세가 끝날 무렵인 14세기 후반에서 16세기 사이, 프랑스와 영국 등지에서 다시 체리가 널리 퍼지기 시작한다.

유럽에서 와인이
생활필수품이었던 이유

지금은 체리를 다양한 용도로 쓴다. 예쁜 이미지 때문에 디저트를 꾸미는 가니쉬garnish나 데코레이션용 과일로 활용하기도 하고, 생과일로 먹으며 새콤 달콤 상큼한 맛을 즐기기도 한다. 혹은 체리 주빌레 소스나 체리 파이처럼 음식도 만든다. 그러면 옛날에는 체리를 어떻게 먹었을까?

체리가 과일인 만큼 지금처럼 다양한 형태로 활용했겠지만 사실 옛날에는 체리 자체가 지금처럼 생과일로 인기가 높지는 않았다.

일단 로마가 소아시아에서 가져와 유럽에 퍼트린 체리, 그래서 중세에 이어 근대까지 유럽에서 자란 체리는 신맛이 강한 품종sour cherry이 주류였다고 한다. 반면 지금 우리가 먹는 검붉은 빛깔의 달콤한 체리sweet cherry는 북미 대륙에 전해진 후 품종개량이 이뤄진 것들이다.

그러니 옛날 유럽에서 로마 군인들이 행군할 때 갈증을 해결하려고 먹기에는 적합했겠지만 지금처럼 과일의 달콤한 맛과 향을 즐기려고 먹기에는 어울리지 않았을 것이다. 그래서 오히려 디저트를 비롯한 음식 재료로 많이 활용했는데, 그중 하나가 체리 파이다. 으깬 체리를 채워 넣어 구운 파이인데 영국의 엘리자베스 1세 여왕에게 만들어 바쳤다고 한다. 그러니 시기적으로는 대략 16세기 후반이다. 체리의 고급화가 그만큼 늦었다는 의미인데, 그렇다면 근대 이전 중세시대와 로마에서 체리는 주로 어떤 용도로 쓰였을까?

중세 유럽에서 체리는 상당부분 술, 그중에서도 체리 와인을 만드는 원료로 쓰였다. 품종개량 전의 신 체리는 동양의 벚나무 열매, 버찌처럼 먹지 못할 정도는 아니지만 신맛이 강해서 과일로 먹기는 어려웠고 음식 재료로 활용하기에도 부족했다. 그래서 산과 들에 주렁주렁 열린 체리를 따서 만든 것이 체리 와인과 키르쉬*Kirsch*라는 체리 증류주다.

키르쉬는 주로 독일과 오스트리아, 스위스, 그리고 독일과 프랑스의 국경 지대인 알자스 지역, 라인 강 북부에서 발달한 술이다. 체리를 따서 으깬 후 발효시켜 두 번 증류해 만든다. 일차 원료가 체리 발효술이니 체리 와인이고, 이를 증류했으니 일종의 소주이고 브랜디며 위스

⁂ 체리로 만든 증류주인 키르쉬

키다. 키르쉬라는 이름도 독일어로 체리를 뜻하는 키리쉐*Kirsche*에서 비롯됐다.

체리로 소주(브랜디)를 만든다는 것이 얼핏 특이하지만 사실 키르쉬에는 그 이상의 역사적 의미가 있다. 키르쉬라는 증류주가 생겨나기 전, 독일과 오스트리아, 스위스 그리고 라인강 북부 유역 사람들은 주로 체리 와인을 마셨다. 로마시대 이후 그리고 현대 이전 유럽에서 와인은 기호품으로 마시는 술이 아니었다. 석회성분이 많아 수질이 나쁜 유럽에서 물과 섞어 유해한 성분을 걸러 안심하고 마실 수 있는 필수 생활음료였다. 이런 포도주를 만드는 원료인 포도 재배의 북방 한계선이 로마시대에는 갈리아 지방, 즉 지금의 프랑스까지였고 라인강 계곡 남부까지였다.

그러다 보니 독일과 오스트리아, 스위스, 벨기에 라인강 북부의 게르마니아 지역은 포도가 자라지 않아 포도주를 만들 수 없었다. 그래서 포도 재배의 북방 한계선을 넘어선 지역들에서는 체리 와인, 그리고 체리 증류주인 키르쉬가 발달했던 것이다.

로마시대에 맥주는 로마인의 입장에서 야만인들이 마시는 음료였기에 그다지 선호되지 않았고 때문에 게르마니아 지역에 주둔한 로마군인과 정착민, 그리고 로마문화를 동경했던 원주민들은 포도 대신에 비교적 추운 지역에서도 잘 자라는 체리를 이용해 음료용 와인을 만들었다. 다시 말해 체리 와인은 포도 와인을 만들 수 없는 지역에서 포도주를 대신해 만든 술이었을 것이고, 그 흔적으로 남아있는 것이 지금의 키르쉬라는 지역 특산 증류주라는 것이다.

보석을 닮아 부른 이름 앵두

조상님께 바치는
첫 번째 과일

지금은 제철에도 보기가 쉽지 않은 과일이 앵두지만 예전에는 정말 흔했다. 일상과 얼마나 가까웠는지는 지금도 자주 쓰는 우리말 표현이나 대중가요 가사 속에서 쉽게 확인할 수 있다. 이를테면 앵두나무 우물가에 동네처녀 바람났다는 노랫말이나 앵두 같은 입술이라는 표현이 대표적이겠는데, 깨물어 주고 싶다는 시각적 이미지 못지않게 청각적으로도 다정한 느낌을 준다.

실제로 앵두의 어원은 보석 같은 열매라는 뜻이다. 앵두는 한자로 앵두나무 앵(櫻)자에 복숭아 도(桃)자를 쓴다. 글자 뜻 그대로 풀이하면 앵두나무에서 열리는 복숭아 같은 열매라는 뜻이다. 그러니 실제 보석과는 전혀 관계가 없을 것 같지만 그렇지 않다.

앵두나무 앵은 영주(櫻珠)에서 비롯됐다. 옥으로 만든 구슬 목걸이라는 뜻이다. 박물관에 가면 볼 수 있는 옥구슬 목걸이, 또는 삼국시대 왕관에 달린 옥관자 같은 장식이 영주다. 앵두나무에 다닥다닥 열린 앵두의 모습이 마치 영주라고 하는 옥구슬이 모여있는 것 같아 앵(櫻)이라는 이름을 얻었다. 그래서 옥돌 옥(玉)변을 쓰는 구슬 목걸이 영(瓔)자 대신에 나무 목(木)변을 써서 앵두나무 앵(櫻)이 됐다. 명나라 학자 이시진이 『본초강목』에 풀이해놓은 앵두의 어원이다.

예전 앵두는 친숙한 과일이어서인지 별칭이 많았다. 앵두나무 앵 이외에도 비슷한 한자인 꾀꼬리 앵(鶯)자를 써서 앵두라고도 했고, 머금을 함(含)자를 써서 '함도'라고도 불렀다. 꾀꼬리가 좋아하는 열매 또는 꾀꼬리가 입에 머금고 있는 열매라는 의미에서 생긴 이름인데, 이는 앵두와 꾀꼬리의 특성이 비슷하기 때문이다. 앵두는 봄에 결실을 맺는 열매이고 꾀꼬리는 앵두가 열매를 맺을 무렵인 봄에 찾아오는 새다.

❖ 옥구슬 목걸이와 장신구

앵두는 새봄에 꽃을 피우고 과일 중에서 제일 먼저 결실을 맺는 과일이다. 긴긴 겨울을 보내고 새봄이 와서 사방에 화려하게 꽃이 피었지만 아직 대부분의 과일은 제대로 열매가 달리기도 전인데, 앵두만큼은 탐스런 빨간 열매가 다닥다닥 열렸으니 얼마나 먹음직스럽게 보였을까?

그래서 명나라 학자 이시진은 『본초강목』에서 곳곳에 앵두가 열렸으니 장안에서 제일 아름답다고 했고 모든 과일 중에서 가장 먼저 익기에 옛 사람들이 매우 귀하게 여겼다고 풀이했다. 이런 과일이었기에 동양에서 앵두는 새봄을 맞아 조상님께 올리는 첫 과일, 즉 사당에 바치는(薦新) 첫 번째 과일이기도 했다. 그런 만큼 우리나라를 비롯해 중국에서는 앵두와 관련해 다양한 풍속과 문화가 생겼다.

앵두 잔치부터
특별한 디저트까지

앵두는 첫 과일인 만큼 특별한 대접을 받았다. 대표적인 것이 조선에서 과거에 장원급제한 선비에게 열어준 잔치가 앵두 잔치, '앵도연(櫻桃宴)'이었다.

18세기 다산 정약용이 지은 시문집 중에 『화앵첩(畵櫻帖)』이라는 시문집이 있다. 앵두를 그려 넣은 시문집이라는 뜻인데, 정약용이 설명한 제목의 유래와 관련해서도 이 '앵도연'이 등장한다.

정조 7년인 1783년, 정약용이 장원급제를 해 진사가 되었을 때 원래는 축하잔치로 앵도연을 여는 것이 관례지만 아직 절기가 빨라 앵두가 익지 않았기에 부친께서 대신 친구들과 함께 지은 시로 문집을 엮어 앵두를 그려 넣고는 '화앵첩'이라고 이름 지었다는 것이다.

조선시대 장원급제자를 위해 열었다는 잔치에 앵도연이라는 이름이 붙은 까닭은 앵두꽃이 활짝 필 무렵, 또는 앵두가 무르익을 무렵에 과거 시험 급제자를 발표했기 때문이다. 앞서 살구 편에서 당나라 장원급제자를 위한 축하 잔치 탐화연에 대해 설명한 적이 있다. 탐화연은 장원급제자를 위한 잔치 중 하나를 일컫는 이름으로, 이렇게 곡강 근처에서 열렸던 수많은 잔치를 통칭하는 말이 '곡강연'이다. 곡강 주변에는 복숭아꽃, 살구꽃, 앵두꽃이 만발해서 이 주변에서 경치를 감상하고 맛있는 음식을 먹었던 것인데, 다양한 종류의 곡강연 중에서 또 유명한 것이 앵도연이다.

앵도연은 당 희종 때인 877년에 시작됐다고 한다. 『당척언(唐摭言)』에는 유공의 둘째 아들이 급제한 것을 축하한 잔치로, 앵두가 처음 열리는 때에 설탕과 유제품인 유락(乳酪)을 담아 새봄이 온 것과 함께 장원급제를 축하했다고 나온다. 앵도연 잔치는 오래도록 지속돼 청나라 때도 계속됐고 조선에서도 장원급제 축하잔치로 자리 잡았다.

앵두는 또 효도의 상징이 되기도 했다. 옛 문헌을 보면 세종대왕은 과일 중에서도 유독 앵두를 좋아했다. 새콤달콤한 앵두 맛을 즐긴 것일 수도 있겠지만 큰 아들인 문종의 효성이 앵두에 가득 담겨있었기 때문일 수도 있다.

『조선왕조실록』을 비롯해 『용재총화』『연려실기술』 등 조선시대 여러 문헌에 나오는 이야기인데, 문종은 효성이 지극했다. 여러 정무로 번

잡한 가운데서도 매일 부왕의 약을 먼저 맛보며 챙겼고 수라상을 친히 살폈다고 한다.

이런 문종이었기에 일찍이 후원에 손수 앵두나무를 심고는 앵두가 무르익으면 따서 앵두를 좋아하는 아버지에게 올렸다. 아들이 따온 앵두를 맛본 세종은 "외부에서 바친 앵두가 어찌 세자가 손수 심은 것과 같겠느냐"고 즐거워했다고 한다.

성종 때 성현이 쓴 『용재총화』에는 "지금까지 궁궐에 가득 찬 앵두나무는 모두 그때 심은 것들이다"라고 적혀있으니, 세종 때부터 성종 무렵까지 최소한 경복궁 후원과 창덕궁 일대에는 앵두나무가 무성했던 것으로 보인다.

궁궐뿐만 아니라 예전에는 마을마다 집집마다 모두 앵두나무를 한두 그루쯤은 키웠고, 그래서 담벼락 너머로 보이는 앵두나무가 흔한 풍경이

❖ 조선시대 화가 김홍도의 <춘한맥맥>.
수양버들 옆에 한 여인이 햇살을 받으며 서있고, 담장에는 앵두나무가 심어져있다.

었다. 새봄을 맞아 처음 맛보는 싱그러운 과일이었기 때문인지 혹은 그렇기에 앵두가 유별나게 달고 새콤하다고 느꼈기 때문인지 몰라도, 옛사람들의 앵두 사랑은 그만큼 각별했다.

탱글탱글 윤이 나게 잘 여문 앵두가 어린 소녀의 피부를 연상시켰던 모양이다. 그래서 옛 사람들은 앵두를 먹으면 피부가 고와진다고 믿었고 앵두를 보고는 아예 예뻐지는 과일이라는 의미에서 미용과(美容果)라는 별명까지 지어 불렀다. 『연산군일기』에는 앵두에 비유해 지은 시가 있는데, 맛이 앵두 열매 같아서 늙어가는 얼굴을 새롭게 한다는 구절이 있을 정도다.

무슨 까닭인지, 당나라 사람들 역시 유독 앵두 사랑이 각별했다. 당나라 문헌인 『식료본초』에도 앵두를 먹으면 얼굴색이 좋아지고 아름다워진다는 내용이 있고, 역시 당나라 의학서인 『비금천금방』에도 앵두는 성질이 달고 평하며 기운을 더해주고 얼굴색을 좋게 한다고 했다. 지금 우리가 흔히 말하는 표현인 '앵두 같은 입술'이라는 비유도 사실은 당나라에서 비롯됐다.

이태백, 두보와 함께 당나라를 대표하는 시인 백거이의 시에 나온다. 백거이에게는 총애하는 2명의 애첩이 있었으니 번소(樊素)와 소만(小蠻)이다. 소만은 춤을 잘 추고 번소는 노래를 잘했다고 하는데 백거이가 이 둘을 노래하면서 앵도 같은 번소의 입술(櫻桃樊素口), 버들 같은 소만의 허리(楊柳小蠻腰)라고 읊었다. 앵두 같은 입술, 버들가지처럼 하늘하늘한 허리라는 표현의 유래다.

어쨌거나 이렇게 앵두를 새봄에 나오는 첫 과일로 보석 같은 모양새

에 피부에도 좋은 특별한 과일로 여겼으니, 동양에서는 앵두를 다양한 디저트로도 만들어 먹었다. 예를 들어 우리나라에는 앵두편, 앵두정과, 앵두화채, 앵두숙 등이 있었다.

그중 앵두편(櫻桃片)은 앵두를 꿀과 섞은 후 뭉그러질 때까지 끓여서 엿이 될 때까지 졸여서 굳혀 만들었으니 생긴 모습으로는 일종의 앵두 양갱처럼 보인다. 효성이 지극했던 정조가 어머니 혜경궁 홍씨의 환갑상에 올렸다고 하니까 영국에서 빅토리아 여왕의 즉위 60주년 대관식 때 만들었다는 체리 주빌레 못지않은 우리 고유의 유서 깊은 디저트다. 또 잘 익은 앵두를 골라 씨를 뺀 후 꿀물에 타서 잣과 함께 띄워 마시는 앵두화채, 앵두를 꿀에 절여 내는 앵두정과(正果) 등이 왕실과 양반 음식으로 발달했다.

바나나 이름에 담긴 전파 경로

노예를 위한

값싼 식량

과일 이름의 원뜻을 알면 간혹 당황스러울 때가 있는데 바나나도 그렇다. 여러 어원설이 있지만 일단 바나나가 손가락을 뜻한다는 주장이 있다. 아랍어로 손가락을 뜻하는 바난*banan*이 변해 바나나가 됐다는 것이다. 인터넷에 많이 떠도는 어원설이다.

이 아랍어 어원설이 과연 사실일까? 얼핏 그럴듯하게 들리기는 하지만 정설은 아닌 듯싶다. 일단 아랍어 사전에는 손가락을 뜻하는 바난이라는 단어가 없다. 특정 시대에 일부 지역에서 썼던 사투리였을 수는 있지만, 일반적으로 쓰는 단어는 아니다. 손가락은 아랍어 발음으로 '잇수바(اصبع)'라고 한다. 발음상 바나나와는 거리가 멀다.

다수가 주장하는 바나나 어원은 아프리카이다. 아프리카 서부 세네갈과 잠비아 원주민의 언어인 월로프Wolof어 중 '바나아나banaana'란 단어가 포르투갈 상인을 통해 아메리카에 전해지면서 바나나가 됐다는 것이다. 하지만 역시 '바나아나'가 무슨 뜻인지는 전해지지 않으니, 바나나의 어원은 이래저래 애매하다.

의미가 확실치 않다고 바나나의 어원을 추정하는 것이 쓸모없는 헛수고는 아니다. 바나나가 어떤 경로로 세계로 퍼졌는지, 옛날에는 어떤 과일이었는지를 어원을 통해 짐작할 수 있기 때문이다.

바나나의 원산지는 동남아다. 그런데 왜 엉뚱하게 서아프리카 혹은 아랍의 언어를 어원으로 추정하는 것일까? 이는 바나나 전파 역사와 관련 있다. 동남아에서 자생하던 바나나가 먼 옛날 인도와 서남아에 퍼졌고 페르시아를 거쳐 고대 그리스, 로마제국으로 전해졌다. 하지만 전파는 로마제국에서 그쳤고 더 이상 다른 지역으로 퍼지지 않았다.

그러다 로마제국이 망한 후 7세기 무렵, 바나나가 다시 아랍세계에 퍼졌고 아랍 상인을 통해 아프리카에 전해졌다. 지금도 아프리카 일부 지역에서는 바나나를 쌀과 옥수수처럼 주식으로 먹는데 처음 전해졌을 때도 과일이 아닌 식량의 목적이었다. 이어 15세기 포르투갈 무역상이 아프리카 열대림의 바나나를 신대륙으로 가져와 중남미 카리브해 연안에 심었다. 이 바나나가 미국으로, 유럽으로 전해지면서 '바나나'라는 영어 이름이 생겼다. 어원으로 본 전파 경로다.

바나나 전파 경로

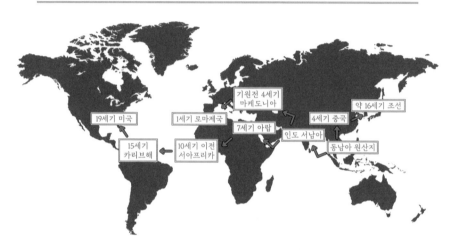

아랍 상인이 바나나를 아프리카로, 그리고 포르투갈 무역상이 바나나를 카리브해로 옮겨 심은 데는 식량 수급의 이유가 컸다. 당시 아랍과 포르투갈 상인 대부분은 노예 무역상이었다. 그렇기에 노예 또는 원주민에게 먹일 값싼 식량 확보를 목적으로 바나나를 가져갔다. 포르투갈 노예상이 브라질이 원산지인 땅콩을 흑인 노예에게 먹일 요량으로 아프리카에 옮겨 심었다가 다시 북미로 전파한 것과 닮았다. 바나나의 어원이 서아프리카 월로프어 또는 아랍어 손가락에서 비롯됐다는 어원설 속에는 이렇듯 단순한 흥밋거리 이상의 역사가 담겨있는 것이다.

그러고 보면 바나나의 라틴어 학명도 주목해볼 만하다. 지금 우리가 먹는 바나나는 두 종류의 야생 바나나가 자연교배해 생겨났다. 바나나의 라틴어 학명은 뮤사 파라디시아카*Musa. Paradisiaca*다. 식물 분류학의 체계를 세운 18세기 스웨덴 학자 칼 린네가 지은 이름이다. 뮤사는 바나나 속의 식물을 일컫는 이름으로 역시 린네가 만든 단어다. 초대 로마황제 아우구스투스의 주치의를 지냈던 안토니우스 뮤사의 이름에서 따왔다고 하는데, 그는 로마제국 최초로 이국의 열대작물을 재배한 인물이다. 또 다른 설에는 아랍어로 바나나를 뜻하는 마우즈*mauz*(موز)를 토대로 만든 단어라는 이야기도 있는데 어느 말이 맞는지는 확실치 않다.

파라디시아카는 파라다이스, 즉 낙원에서 파생된 이름이다. 그러니까 뮤사 파라디시아카라는 학명은 낙원에서 자라는 바나나 속의 식물이라는 뜻이 된다.

린네가 이렇게 거창한 라틴어 학명을 지은 것과 관련해서는 여러 이야기가 전해진다. 그중 하나는 성경의 에덴동산에 나오는 금단의 열매가 사과가 아니라 사실은 바나나였다는 주장이다. 이런 속설을 바탕으로 지어진 학명이라는데 근거가 분명치 않다.

바나나의 학명을 뮤사 파라디시아카라고 했지만 조금 더 세분화하면 이름이 둘이다. 파라디시아카는 재배종 바나나를 통틀어 부르는 학명인 동시에 음식으로 먹는 바나나의 이름이다. 우리가 먹는 바나나, 디저트로 먹는 바나나를 따로 구분해 부르는 학명은 뮤사 사피엔툼*Musa. Sapientum*이다. 역시 린네가 지은 이름으로 사피엔툼은 현자(賢者), 성인을 뜻하는 라틴어에서 나왔다. 현인의 바나나라는 뜻인데 역시나 바나나 학명치고는 거창하기 그지없다. 작명의 출처를 정확히 알 수는 없지만 아마 로마제국에서 불렀던 바나나의 별칭에서 비롯된 이름일 것으로 추정한다.

1세기 로마의 역사학자이며 해군제독이었던 플리니우스는 그의 저서 『박물지』에서 바나나에 대해 자세히 묘사해놓았다. 인도에는 커다란 나무가 있는데 나무의 크기도 엄청나게 크지만 열매가 매우 달콤하며, 인도에서는 현자the sage가 이 나무의 열매를 먹고 산다고 적혀있다. 그러면서 플리니우스는 바나나를 먹으면 정신착란을 일으킬 수 있기 때문에 알렉산더 대왕이 동방원정 중 병사들에게 길가의 바나나는 손도 대지 못하도록 엄격하게 금지했다고 기록했다.

바나나를 그리스에 처음 전한 사람은 알렉산더 대왕이다. 이런 그가 바나나를 먹지 못하게 했고 그 영향을 받아서인지 로마제국에 전해진 바나나 역시 인기 과일은 아니었다. 플리니우스가 기록한 것처럼 로마인들 또한 바나나를 별로 먹지 않았다.

그리고 보면 고대 그리스, 로마인들은 바나나를 거의 먹지 않았고, 아프리카와 중남미에서는 노예와 노동자의 식량이었으니, 그 옛날 바나나의 위상이 어땠는지 알 수 있는 대목이다.

품종개량과 거대 기업의 만남으로 탄생한 바나나 공화국

그러면 바나나는 언제부터 대중의 사랑을 받게 됐을까? 바나나가 널리 퍼진 것은 품종개량 덕분이었다. 씨가 없으면서 과육은 부드럽고 맛은 향긋한 바나나가 나오면서부터다. 이런 바나나가 세상에 처음 선보인 것은 1835년 전후로 '그로 미셸Gros Michel'이라는 바나나 품종이 개발된 이후다.

프랑스의 박물학자 니콜라 보댕이 동남아에서 개발해 그 구근을 카리브해에 있는 프랑스령 마르티니크 섬의 식물원에 기탁했다. 이어 1835년 프랑스 식물학자인 장 프랑스와 푸요가 이 바나나 구근을 자메이카에 옮겨 심으면서 세계적으로 바나나 돌풍을 일으키게 된다. 씨가 없어 먹기에 편한 데다 맛도 좋고 게다가 껍질이 두꺼워 멀리 운송해도 바나나가 쉽게 상하지 않았기에 미국과 유럽에까지 수출할 수 있었기 때문이다.

하지만 그로 미셸 바나나는 1950년대 파나마병이라는 치명적인 질병에 노출돼 거의 멸종되다시피 하면서 재배가 중단됐다. 그러자 곧이어 다른 3배체 바나나가 뒤를 이었다. 지금 우리가 먹는 바나나인 캐번디시 품종이다. 이렇게 바나나가 대중적 인기를 얻게 된 데는 3배체 바나나의 등장이 계기는 됐지만 그게 전부는 아니다.

철도운송의 발달, 그리고 냉장선과 기차의 개발과 같은 기술 발전에 더해 정치적, 사회적 요인이 복잡하게 얽혀있다. 특히 미국에서 바나나가 널리 퍼지게 된 과정을 보면 더욱 그렇다.

15세기 아프리카에서 카리브해로 바나나 종자를 가져와 심은 이후, 그리고 19세기 전반 씨 없는 바나나 재배가 시작된 이후, 중남미에서는 바나나가 무성하게 번식했다. 하지만 미국에서 바나나는 19세기 중반까지 거의 알려지지 않은 열대 과일이었다.

❖ 보스턴 과일 회사가 자메이카에 세운
    바나나 농장 모습, 1894년경

바나나가 미국 대중에게 처음 알려진 것은 1876년 전후다. 필라델피아에서 열린 건국 100주년 박람회에서 중남미 열대 과일로 소개됐다고 한다. 이때만 해도 바나나는 관세가 붙어 미국에서도 값비싼 수입 과일이었다. 바나나 1개 값이 당시 근로자의 1시간 임금에 해당됐기에 웬만한 부자 아니면 사먹기가 힘들었고 그나마 바나나 수입항 근처가 아니면 구경조차 힘들었다.

반면 바나나 수입상들은 큰돈을 벌었다. 1870년 자메이카에서 바나나를 수입해 뉴욕과 뉴저지에 팔았던 보스턴의 한 수입상은 1885년 '보스턴 과일 회사*Boston Fruit Company*'를 설립해 현지에 대규모 바나나 농장을 건설했다. 회사도 비약적으로 발전했지만 미국에 바나나가 대량으로 들어오는 계기가 됐다. 또한 1890년 뉴욕 출신의 케이드라는 사업가가 중미 코스타리카의 철도 건설 사업에 진출한 것을 계기로, 바나나가 싼값으로 미국에 공급되기 시작했다.

코스타리카에 철도를 건설해주고 그 대가로 운영권을 확보해 철도 운송 사업을 계획했던 케이드는 철도 건설 과정에서 주변의 농지를 헐값에 매입해 대규모 바나나 농장을 건설했다. 철도 건설에 투입된 노동자들의 숫자가 5,000여 명에 이르렀기에 이들에게 식량을 공급할 목적으로 농장에 바나나를 심었던 것이다.

하지만 철도 완공 후 문제가 생겼다. 기대만큼 수익을 올리지 못한 데다가 코스타리카 정부와의 마찰 등으로 철도 운영에 곤란을 겪게 됐다. 그러자 그는 사업 방향을 바꿔 농장에서 재배한 바나나를 철도로 항구까지 운송한 뒤, 선박으로 뉴욕에 가져와 시장에 풀었다. 때마침 이 무렵 냉동선과 기차가 등장하면서 바나나처럼 상하기 쉬운 과일을 북미 전역으로 장거리 수송이 가능해졌다. 덕분에 미국에 바나나가 저렴한 가격에 공급되면서 붐이 불었고, 사치스런 수입 과일에서 누구나 먹을 수 있는 대중 과일이 됐다.

케이드가 설립한 회사는 1899년 재정 곤란에 빠져있던 보스턴 과일 회사를 합병해 유나이티드 푸르츠라는 회사로 거듭나고, 미국 바나나 시장의 75%를 점유할 정도의 공룡 독점 기업이 됐다. 이렇게 거대 기업에 의해 가격이 싸진 바나나는 이후 세계로 퍼져나갔다.

하지만 바나나의 대중화 과정 이면에는 또 다른 역사도 있다. '바나나 공화국*Banana Republic*(바나나 리퍼블릭)'으로 대변되는 어둠의 역사다.

바나나 공화국은 미국의 소설가 오 헨리가 1904년에 발표한 소설 「양배추와 왕들」에 나오는 안추리아라는 가상의 나라를 지칭하는 말이다. 바나나 공화국은 외국 거대 자본이 독재 정권 및 소수 권력층과 결탁해 나라를 부패시키고, 그로 인해 착취와 빈부 격차, 쿠데타와 외세개입 등

의 정치 사회불안이 야기되는 나라를 의미한다. 유나이티드 푸르츠를 비롯한 미국의 거대 자본이 미국 정부의 묵인과 지원 아래 온두라스, 코스타리카, 과테말라 등의 중남미 국가에서 벌였던 행태가 모델이 됐다.

이를테면 과테말라에서 바나나 경작지의 70%

♣ 바나나 공화국이라는 말을 처음 사용한
  미국 소설가 오 헨리

는 유나이티드 푸르츠의 소유였고 외국 자본 소유의 토지를 회수해 경작지가 없는 농민에게 나누어 주겠다는 진보 대통령은 쿠데타 세력을 지원해 축출했다. 쿠데타로 정권을 잡은 독재자는 외국 자본과 결탁한 하수인이 될 수밖에 없었다. 토지 소유주에게 세금을 올리려는 정책을 펼치자 세금을 낮추기 위해 에이커당 75달러의 토지를 3달러로 계산하는 등 멋대로 정책을 주물렀다. 그리고 그 배후에 유나이티드 푸르츠 등이 있었다. 중남미에서 종속 이론이 나오고 반미 세력이 퍼지게 된 데는 이렇게 바나나도 한몫을 했다. 우리가 싸고 맛있는 바나나를 먹게 된 이면에는 바나나 공화국 같은 암울한 역사가 숨어있는 것이다.

제사상에
바나나를 올렸다?

우리나라에서는 언제부터 바나나를 먹었을까? 열대 과일인 만큼 현대에 들어와서야 먹었을 것 같지만 아니다. 조선의 양반들도 바나나를 먹었던 것으로 보인다. 먹었는지를 확신할 수는 없지만 존재 자체는 알고 있었고 심지어 제사상에 올렸다는 기록도 있다.

먼저 조선 초 손순효가 고려 말의 충신이었던 야은 길재에게 바치는 제문이 『동문선』에 있는데 여기에 바나나가 보인다.

"금오산과 낙동강은 어제와 같은데 선생은 어디에 계시는지. 초황(蕉黃)과 여단(茘丹)을 올리오니 영령이시여, 제물을 거두어 드시기 바랍니다."

명종 때의 학자 기대승의 문집에 『고봉집』에도 황초(黃蕉)와 단여(丹茘)를 제사상에 올렸다는 구절이 나온다.

제물로 준비했다는 초황 또는 황초는 한자로만 보면 노란 파초 열매라는 뜻이지만, 파초 열매라기보다는 바나나로 추정된다. 여단 또는 단여는 붉은 여지(茘枝)를 일컫는 말로, 양귀비가 좋아했다는 더운 지방에서 나는 과일 리치다.

바나나로 추정되는 초황에 대한 기록은 이밖에도 문헌에 여러 차례 나온다. 물론 몇 가지 검증해볼 부분은 있다. 먼저 초황이 진짜 바나나인지 그리고 실제 제사상에 놓였는지 여부다.

문헌처럼 실제 바나나를 제물로 올렸는지는 확실치 않다. 바나나가 흔했을 중국의 글을 인용해 제문을 썼을 가능성도 배제할 수 없다. 바나나를 제물로 바쳤다는 글은 당나라 시인 한유가 동시대 시인 유종원을 추모하며 지은 글에 나온다. "여지와 초황을 안주며 채소 등의 음식과 섞어 사당에 올리노라"라는 구절이다.

저작권이 없었던 시절인 만큼 옛날 사람들은 남의 글을 멋대로 인용하는 것이 다반사였으니, 조선의 제문 역시 실제 바나나를 제물로 준비한 것이 아니라 글로만 인용한 것일 수 있다. 특히 바나나는 남국에서 가져오는 상하기 쉬운 과일인 만큼 조선에서 바나나를 구했다고 해도 때맞춰 제물로 쓸 수 있을 정도였을지는 의문이다.

하지만 그렇다고 실물 자체가 없었다고 단정할 수는 없다. 연산군 때 열대 과일인 여지를 가져왔다는 기록이 있으니 바나나 역시 운반이 불가능하지는 않았을 것이다.

또 다른 의문은 초황 또는 황초가 바나나였는지 혹은 파초 열매였는지 여부인데, 파초와 바나나는 생김새가 비슷하다. 다만 바나나와 달리 파초 열매는 맛이 없어 식용은 어렵다고 한다. 반면 조선 문헌에 나오는 초황은 대부분 식용이다. 18세기 실학자 홍양호는 달콤한 파초 열매인 감초(甘蕉)를 먹으면 소양의 기운을 얻을 수 있다고 했다. 19세기 초 이규경도 『오주연문장전산고』에서 감초는 달콤한 파초라고 했다. 게다가 제사상에 초황을 놓았으니 못 먹는 파초 열매가 아닌 바나나 종류였을 것이다.

실제로 바나나의 원산지는 앞서 말했듯 동남아다. 그런 만큼 일찍부터 중국 문헌에 보인다. 4세기 문헌인 『남방초목상』과 『화양국지』에 남국에서 자라는 파초에 대한 기록이 보이는데 그중 일부는 바나나로 추정된다. 6세기 『제민요술』에는 바나나가 확실한 노란 파초열매가 나온다. 맛있는 파초(芭蕉)로 길이는 6~7촌이고 껍질을 벗기면 황백색 과육이 나오는데 맛과 달기가 포도와 비슷하다고 했다. 이렇게 중국에 진작 알려진 바나나였으니 조선에서도 당연히 알고 있었을 것이다. 게다가 지금의 오키나와인 유구국 혹은 필리핀, 타이완 등을 통해 실물이 전해졌을 가능성도 높다.

Part

3

....

History through fruits

....

과일이 만든 뜻밖의 역사

오렌지가
르네상스 시대를 열었다?

뜬금없지만 유럽에서 르네상스가 시작된 것이 오렌지 덕분이었다고 주장하는 이들이 있다. 사실 직접적인 관련은 없고 어디까지나 추측에 불과한 이야기지만, 참고할 만한 부분은 있다.

오렌지 덕분에 르네상스 시대가 열렸다는 주장은 메디치 가문과 연결된다. 르네상스는 메디치 가문이 다스렸던 이탈리아 피렌체에서 가장 화려하게 꽃을 피웠는데, 그런 메디치 가문이 오렌지 무역으로 일어섰기 때문이다.

피렌체의 메디치 가문은 금융업으로 부를 쌓았지만 시작은 의약업이라고 보는 것이 일반적이다. 메디치 가문의 조상은 원래 농사를 짓는 집안에서 태어났지만 약 1,000년 무렵 도시로 진출해 의약업에 뛰어들었다. 그래서 이탈리아어로 의사, 의약품이라는 뜻의 메디코*medico*에서 가문 이름인 메디치*Medici*가 나왔다고 한다.

가문의 시조가 의사 출신이라고 하지만 중세 유럽에서 의사는 그렇게 높은 신분 계층은 아니었다. 그리고 옛날 동양의 한약방처럼, 외과적인 치료보다는 주로 약재를 다루는 직업이기도 했다. 이때 주로 취급했던 의약품 품목은 아랍세계에서 들여온 오렌지였다. 물론 당시의 오렌지는 지금의 달콤한 오렌지*sweet orange*와는 다른 쓴 오렌지*bitter orange*였다.

그렇게 메디치 가문의 조상이 약재로 쓰였던 오렌지 무역을 통해 큰 돈을 벌어 메디치 가문을 일으켰고, 이 가문이 훗날 피렌체를 다스리는 군주 가문이 되어 르네상스에 큰 공헌을 했으니, 결국 오렌지가 르네상스 시작의 발판이 됐다는 것이다.

오렌지의 흔적은 서양 미술사에서도 찾아볼 수 있다. 예를 들어 15세기 말 산드로 보티첼리가 피렌체의 군주 로렌초 메디치의 주문을 받아 그린 그림, 〈프리마베라〉가 그렇다. 그림에는 배경으로 황금 열매가 열리는 나무숲이 있고 상업의 신 머큐리가 열매를 따는 장면이 그려져 있다. 다수의 평론가들이 이 과일을 신화에 나오는 황금 사과로 보지만, 일부는 오렌지로 보기도 한다. 그리고 보티첼리가 메디치 가문에서 주문한 그림에 굳이 오렌지를 그려 넣은 이유는 상업의 신이며 메디치 가문의 수호신인 머큐리가 오렌지를 따는 모습을 통해 메디치 가문을 축원했던 것으로 해석한다.

모택동과
망고 숭배

1968년 8월, 아사드 후세인 파키스탄 외무장관 일행이 중국을 방문했다. 파키스탄 사절단은 당시 주석이었던 모택동을 예방하면서 망고를 선물했는데, 망고 바구니를 선물받은 모택동이 이 망고를 베이징에서 활동 중이던 모택동 사상 선전대원들에게 선물로 보냈다. 주석이 보낸 선물을 받은 선전대원들은 눈물을 흘리며 감격해했는데, 이후 망고가 모택동 우상화의 도구가 되면서 기상천외한 망고 숭배 운동이 벌어졌다.

모택동 사상 선전대는 "모 주석이 외국 국빈에게 받은 귀중한 선물을 선전대에 보내주었다"며, 모든 노동자가 주석의 은총을 나누어 느껴야 한다고 결정했다. 그리하여 중국 전역 노동자에게 망고를 보내기로 했지만, 받은 망고는 모두 40여 개뿐이었다. 망고 실물을 잘라 나누어 보내봤자 넓은 중국 땅에 모두 보낼 수는 없으니, 그들은 궁리 끝에 밀랍으로 모형 망고를 만들어 보내기로 했다.

그 결과 극소수 기관과 공장은 진짜 망고를 받았고 나머지는 모형 망고를 받았는데, 진짜건 가짜건 망고를 받은 곳은 광란의 도가니가 펼쳐졌다. 중국 명문 칭화대학교에서는 진짜 망고를 받았다. 지성의 산실이라는 이곳에서 '위대한 수령 모택동'이 보냈다는 망고를 놓고 눈물을 흘리며 환호하고 노래하며 수령님 만수무강을 외쳤다. 베이징 인민 인쇄공장도 진짜 망고를 받았다. 수령의 은총이 깃든 망고를 영구보존해야 한다며 포름알데히드 용액에 넣어 소중하게 모셨는데 시간이 지나면서 망고가 시꺼멓게 변색해 공장 전체가 곤경에 빠졌다. 실물 망고를 받은 또다른 공장에서는 모택동의 은총을 느껴야 한다며 커다란 물탱크에 망고를 집어넣고 공장 노동자들이 이 물을 한 컵씩 떠 마심으로써 모택동 정신을 잇는 상징으로 삼았다.

베이징 이외 지역은 대부분 모형 망고를 받았는데 전국적으로 망고 환영 행사가 열렸다. 남부 푸젠성 푸저우시에서는 모형 망고가 전달된 1968년 9월 16일, 시민과 노동자가 광장에 모여 복제 망고 환영대회를 열었다. 9월 17일에는 산동성 지난시에서, 10월 14일에는 지린성 창춘시에서 복제 망고 환영행사가 잇달아 열렸으니 이 정도면 중국 전체가 망고 숭배에 빠졌다고 해도 과언이 아닐 것이다.

중국에서 벌어진 광란의 망고 숭배 덕분에 한때 외국 국가원수가 중국을 방문할 때는 너도 나도 망고 바구니를 들고 갔다고 한다. 상식으로는 도저히 이해하기 힘든 공산 독재 국가의 우상화 실태다.

그런데 파키스탄 외교 사절단은 왜 망고를 선물로 가져갔던 것일까? 이는 서남아 문화권에서 망고가 친선을 상징하는 과일이기 때문이다.

과 일 이 가 진 영 향 력 ,
역 사 를 바 꾸 다

인류 역사에서 과일은 어떤 위상을 지니고 있을까? 다양한 의미가 있겠으나, 고대로 갈수록 과일은 상징적인 의미가 강했다. 산지가 아니면, 그리고 제철이 아니면 쉽게 구할 수 없다는 희소성과 흔치 않은 단맛이 가진 마력 덕택에 일종의 보물로 취급받았기 때문이다.

보물이었기에 손에 넣으면 막대한 이익을 얻을 수 있었고 정치, 사회, 문화적으로 영향력을 행사할 수 있었다. 그런 만큼 과일은 고대로부터 현대에 이르기까지 중요한 교역 대상이었다. 낯설고 진귀한 새로운 열매를 얻기 위해 먼 길 탐험을 떠나기도 했고 전쟁이 벌어지기도 했다.

그런 의미에서 곡물이나 채소같이 굶주림을 막아주는 식량들이 역사에 직접적으로 관여했다면, 과일은 그 희소성과 진귀함 덕택에 은밀하게 영향을 끼친 측면이 강했다. 수많은 역사적 사건이 일어났고 알게 모르게 역사가 바뀌는 경우도 있었다. 이에 이 장에서는 이런 역사의 흔적들을 살펴보도록 하겠다.

오렌지가 르네상스 일등공신?

오렌지의
고향을 찾아서

귤은 주산지가 제주도지만 원산지는 중국 남부로 본다. 그러면 서양 과일 오렌지의 고향은 어디일까? 얼핏 남북미 대륙이거나 아니면 기후가 온화한 유럽의 지중해 일대일 것 같지만 아니다. 오렌지의 고향은 동양이고, 구체적으로는 인도 북부와 서남아, 동남아와 중국 남부다.

그렇기에 오렌지는 근대 이전까지 유럽에서는 보기 힘든 동방의 수입

❖ 〈프리마베라〉는 산드로 보티첼리가 피렌체의 군주 로렌초 메디치의 주문을 받아 그
린 그림으로, 일부 평론가들은 상업의 신 머큐리가 딴 열매를 오렌지로 보기도 한다.

과일이었다. 동양에서 가져 오는 귀한 약재였으니 오렌지를 취급하는 상
인은 큰돈을 만질 수 있었고, 르네상스를 이끈 피렌체의 메디치 가문 시
조가 처음 오렌지 무역으로 부를 쌓을 수 있었던 배경이다.

오렌지가 동양 과일이었다는 것도 뜻밖이지만 더더욱 의외인 것은 오
렌지를 비롯해 레몬 등 감귤류 과일이 서양 역사에 적지 않은 기여를 했
다는 사실이다.

먼저 오렌지의 역사를 살펴보자. 오렌지라는 이름은 실은 향기롭다는
뜻이다. 영어 오렌지의 어원을 추적하면 프랑스어를 거쳐 고대 아랍어와
페르시아어인 나랑*narang*으로 이어진다. 이 단어가 이탈리아어로 전해지

면서 앞에 부정관사*un*가 붙으며 변한 것이 영어 오렌지다. 그런데 고대 아랍어와 페르시아어 나랑은 남부 인도 언어인 타밀어, 더 고대로 거슬러 올라가면 산스크리트어 '나랑가*naranga*'가 뿌리다. 향기가 나는 열매라는 뜻이라고 한다. 이를 통해 우리는 오렌지가 아시아의 과일이었다는 사실, 오렌지가 유럽에 전해지는 경로, 그리고 오렌지가 처음에는 먹는 과일보다는 향수 내지는 향료의 원료가 되는 열매, 다시 말해 그만큼 부가가치가 높았던 열매였다는 사실을 알 수 있다.

참고로 영어와 프랑스, 이탈리아어로 오렌지의 어원은 고대 인도의 산스크리트어에서 찾지만, 독일어로 오렌지는 아펠지네*apfelsine*, 네덜란드어 사니사펠*sinaasappel*의 어원은 중국과 관련 있다. 모두 중국 사과(열매)라는 뜻이다. 이들 나라에는 오렌지가 중국 남부로부터 전해졌기 때문이다. 반면 그리스에서는 오렌지가 포르토칼리*portokalli*라 불리는데, 이는 포르투갈이라는 뜻이다. 불가리아, 루마니아 등 일부 동유럽 국가에도 비슷한 이름인데 대항해시대에 아시아의 오렌지가 포르투갈을 통해 퍼졌기 때문이다.

그런데 여기서 이상한 부분이 있다. 오렌지가 원래 동양 과일이라면, 왜 예전 우리나라에는 오렌지가 알려지지 않았던 것일까? 사실은 우리가 오렌지를 몰랐던 것이 아니다. 다만 별로 주목하지 않았을 뿐이다. 여러 이유가 있겠는데 귤이라는 더 맛있는 과일이 있었던 데다 품종개량되기 전의 오렌지는 그다지 맛있는 과일은 아니었기 때문일 것이다.

옛날 중국에서는 오렌지를 '등(橙)', 중국어 발음으로는 '청*cheng*'이라고 불렀다. 한자사전인 『설문해자』에는 귤 종류라고 풀이했고 12세기 송나라 때 사전인『비아(埤雅)』에는 유자 종류라고 했는데, 유자는 껍질이 매우 쓰기 때문에 입에 댈 수도 없는데 '등자(橙子)'는 껍질이 달다고 했다. 그러면서 등(橙)이라는 이름은 '익으면(登) 먹을 수 있다'는 뜻에서 만들어진 글자라고 풀이했다. 그러고 보면 감귤과 달리 등자는 직접 먹는 과일로는 썩 인기가 높은 편은 아니었던 것 같다.

우리 옛 문헌에도 역시 오렌지인 등자가 보인다. 영조 즉위년의『승정원일기』에 제주에서 등자와 귤 120개를 올려 보냈다는 기록이 있다. 순조 때 북경에 사신으로 갔던 사람이 쓴『계산기정』에도 "감자(柑子)와 귤은 무릇 6, 7종이 있는데 맛이 다 좋으니, 광등(廣橙) 첨등(甜橙) 따위가 그것이다"라고 적었다. 기록으로 보면 조선시대에는 오렌지인 등자를 그저 귤의 한 종류로 여겼던 것이 아닌가 싶다.

향료와 의약품으로
사랑받은 오렌지

그렇다면 오렌지는 언제 서양에 전해졌을까? 사실 언제라고 구분 짓기는 상당히 애매하다. 오렌지를 포함한 감귤류의 족보와 계보가 너무 복잡하기 때문이다. 그럼에도 최대한 단순화해서 구분하면, 오렌지는 크게 쓴 오렌지*bitter orange*와 단 오렌지*sweet orange*로 나뉘는데, 지금 우리가 오렌지라고 부르며 먹는 것들은 단 오렌지에서 파생된 것들이다.

단 오렌지는 15세기 무렵 유럽에 전해졌다. 1450년 이탈리아 북부

제노아의 상인이 아랍과의 무역을 통해 달콤한 오렌지를 지중해 지역에 전했다. 하지만 본격적으로 퍼진 것은 16세기 포르투갈 상인들 덕택이고, 뒤를 이어 네덜란드 상인들이 오렌지 무역에 뛰어들면서 중국 남부 및 동남아, 서남아로부터 오렌지를 유럽으로 실어 날랐다고 한다. 유럽에서 각국 언어로 오렌지를 중국 사과, 포르투갈 열매, 인도의 향기 나는 과일이라고 부르게 된 이유다.

쓴 오렌지는 단 오렌지보다 약 500년 빠르게 유럽에 퍼졌다. 8세기 초 이베리아반도를 정복한 이슬람의 무어인들이 스페인에 쓴 오렌지를 심었고, 이후 10세기 무렵에 아랍 상인과 제노아, 피렌체 상인들이 이탈리아에 전했다. 메디치 가문의 조상도 이렇게 쓴 오렌지를 전파한 사람 중의 한 명이다.

쓴 오렌지는 문자 그대로 쓴맛 때문에 과일로 먹기에는 부적합했다. 대신 향이 강해서 주로 향수나 향료의 원료 또는 의약품으로 사용했다. 그렇기에 과일로 먹는 달콤한 오렌지보다는 훨씬 더 효용 가치가 높았다. 한편 식용으로 먹을 경우에는 꿀을 첨가해서 잼 비슷하게 마멀레이드로 만들어 먹었다.

그렇다고 감귤류의 과일 전부가 10세기 전후에 유럽으로 퍼진 것은 아니다. 오렌지의 조상이 되는 감귤류는 5,000년 전까지로 거슬러 올라간다. 그리고 쓴 오렌지, 단 오렌지, 레몬과 라임 등등 감귤류 열매가 전해질 때마다 서양 세계에 직접적, 간접적으로 큰 파문을 일으켰다. 이유는 감귤류가 워낙 귀하고 특별한 과일이었기 때문이다.

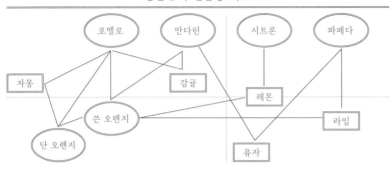

오렌지에 앞서 서양 세계에 최초로 전해진 감귤류는 시트론*citron*이
라는 열매다. 영어로 감귤류를 뜻하는 시트러스*citrus*의 어원이 되는 열
매인데, 어원은 고대 그리스어로 향기 나는 나무인 세다르에서 비롯됐
다고 한다.

시트론은 오렌지, 레몬, 귤, 유자, 자몽 등 모든 감귤류의 뿌리가 되는
열매다. 세상에는 수많은 종류의 감귤류 과일이 있는데, 아무리 종자가
다양해도 대부분은 4개 원품종의 교배로 생겨났다.

애써 구분하자면 야생 유자를 떠올리면 좋을 듯싶은 시트론, 원시 귤
이라고 할 수 있을 만다린 오렌지*mandarin orange*, 야생 자몽 비슷한 포멜로
pomelo, 원시 탱자에 비유할 수 있을 것 같은 파페다*papeda*가 있다. 이 4개
의 원품종이 자연 또는 인공 교배를 통해 서로 얽히고설키며 생겨난 것
이 지금 우리가 먹는 감귤류 과일들이다. 이를테면 쓴 오렌지*bitter orange*는
만다린 오렌지와 포멜로의 교배종이고, 단 오렌지는 자연 상태에서 생겨
난 쓴 오렌지 변종과 포멜로의 교잡종이다.

감귤류 원품종 중 하나인 시트론이 유럽에 전해진 것은 기원전 5~4

세기 무렵이다. 시트론은 인도와의 향료 교역로*incense route*를 따라 페르시아를 거쳐 그리스 등의 지중해, 그리고 로마로 전해졌다.

고대 서방세계에 전해진 시트론은 먹는 과일이 아닌 향수의 원료, 의약품으로 사용됐다. 시트론은 로마제국에서는 꽤 널리 퍼졌던 것으로 보인다. 서기 1세기 이전 로마제국의 최대 상업도시, 폼페이의 정원에서 시트론 씨앗이 발견됐고, 로마시내 광장에 있는 식물원에서도 시트론을 키운 흔적이 있다고 한다. 다만 식물원 유적과 귀족의 정원 구조에 비춰볼 때 고대 로마에서 시트론은 높은 사회적 신분 계층에서만 재배할 수 있었던 최고의 식물이었다.

이랬던 시트론은 로마제국 멸망과 함께 유럽에서 사라졌는데 이는 동방과의 교역루트가 차단됐기 때문이다. 바꿔 말해 로마 멸망과 함께 서양에서 향신료 후추가 금값이 됐던 것처럼 동양 과일 시트론 역시 몸값이 천정부지의 귀하신 과일이 됐다.

그러니 10세기 무렵 다시 전해진 시트론의 후속 과일, 쓴 오렌지가 얼마나 귀한 열매였는지, 이런 쓴 오렌지의 무역을 통해 메디치 가문의 시조가 얼마나 많은 돈을 벌었을지 어렵지 않게 추측할 수 있다.

유럽에 전해진 단 오렌지는 그 새콤달콤함 맛 때문에 선풍적인 인기를 끌었다. 물론 19세기까지 오렌지는 아무나 먹을 수 있는 과일은 아니었다. 주로 귀족과 부자들이 먹는 최고급 과일이었다. 케이크를 비롯한 각종 디저트에 오렌지를 토핑으로 얹는 이유도 그만큼 오렌지가 귀족 취향의 과일이었기 때문이다. 19세기 이전까지 식후에 먹는 디저트는 그 자체가 상류계층에서 즐겼던 음식 문화였기 때문이다.

오렌지를 사랑한
사람들

10세기에 전해져 향수, 약재의 원료로 쓰였던 쓴 오렌지나 15세기에 전해져 달콤한 과일로 먹었던 단 오렌지나, 유럽에서는 모두 상류층이 즐겼던 최고급 과일이었다. 그렇기에 오렌지는 부의 상징이었고 풍요와 번영의 아이콘이었으며 다산과 순결의 심볼이 됐다. 지금까지도 알게 모르게 곳곳에서 그 상징의 흔적을 찾아볼 수 있다.

먼저 결혼식장에서 신부가 쓰는 화관이다. 많은 경우 화관은 순백색의 꽃으로 장식을 하는데 19세기 영국에서 유행했던 풍습이라고 한다. 지금은 꽃 종류에 특별한 의미를 두지 않지만 당시는 주로 오렌지꽃을 꽂았다.

신부의 오렌지꽃 화관에는 유래가 있는데 일단 1840년 영국 빅토리아 여왕이 결혼할 때 하얀 웨딩드레스를 입고 순백의 오렌지꽃 화관을 썼다. 그 모습이 너무나 아름답고 순결하며 고결해 보여 당시 유럽 신부들이 앞다투어 오렌지꽃 화관을 썼다고 한다.

물론 오렌지꽃 화관을 쓴 신부가 빅토리아 여왕이 처음은 아니었다. 이전에도 오렌지꽃 화관을 선호했는데 역시 배경이 있다.

일단 오렌지꽃은 하얗기에 순수와 순결을 의미하고 오렌지 자체도 상류계층의 고급 과일이기에 우아함과 고급스런 부의 상징이었다. 뿐만 아니라 대부분 과일은 꽃이 진 후 그 자리에 열매가 열리지만 오렌지는 꽃과 열매가 동시에 달린다. 그렇기에 오렌지를 풍요와 다산, 생명력의 심볼로 여겼던 것이다.

오렌지가 풍요의 상징이었던 흔적은 또 있다. 식물원은 영어로 보태니칼 가든*botanical garden*이다. 온실재배를 필요로 하는 모든 식물을 망라하는 개념이다. 단순히 온실재배만을 강조할 때는 그린하우스*greenhouse*라는 말을 많이 쓴다. 하지만 영국, 프랑스, 러시아 등 유럽 왕실 소유의 고급 식물원, 특히 아열대 식물을 키우는 온실재배 식물원은 오랑주리*orangery*라고 한다.

영어 어원사전에 오랑주리는 오렌지나무를 키우는 곳에서 비롯됐다고 설명한다. 1660년 프랑스에서 처음 쓰기 시작했는데 추운 날씨의 중북부 유럽 왕실에서 오렌지를 포함한 아열대 식물을 키웠던 전용 온실이었다.

오랑주리라는 명칭은 프랑스에서 시작됐지만 고급 온실정원은 르네상스시대 이탈리아 정원에서 비롯됐다. 베니스에서 유리 제조기술이 발달한데 이어 햇빛을 듬뿍 받을 수 있는 온실 건축기술이 발전했기 때문이다. 그리고 스페인, 포르투갈에 이어 대항해시대를 주도한 네덜란드에서 오랑주리 건축을 주도하면서 유럽 각국 왕실에 고급 아열대 식물 온실 붐이 일었다. 오렌지가 얼마나 고급스런 과일이었고 부의 상징이었는지를 보여주는 또 다른 흔적이다.

오렌지의 위상은 전쟁에서도 찾아볼 수 있다. 이른바 오렌지 전쟁*Orange War*이다. 1801년 나폴레옹 시대의 프랑스와 스페인이 연합해 포르투갈을 침공해 약 두 달 만에 끝난 잊혀진 전쟁이지만 나름 의미는 있다. 나폴레옹 몰락의 도화선이 됐기 때문이다.

❖ 독일과 프랑스의 오랑주리 모습

1800년, 프랑스가 영국 편에 선 포르투갈에게 관계를 끊을 것을 강요
했다. 군함을 포함한 영국 선박의 포르투갈 항구 정박을 금지하고, 영토
일부를 프랑스에 양도하며, 프랑스-스페인 동맹에 가담하라는 요구였
다. 영국 해군을 무력화하려는 시도였다.

포르투갈이 거절하자 프랑스군과 마누엘 델 고도이 장군이 이끄는 스페인군이 연합해 포르투갈을 공격했다. 전쟁은 두 달 만에 끝났고 그 결과 포르투갈은 프랑스, 스페인과 바다호스 조약을 맺는다. 영국 선박의 포르투갈 항구 사용 금지와 영토 일부를 스페인에 양도한다는 내용이다.

오렌지 전쟁은 이때 붙여진 이름이다. 스페인 총사령관 고도이 장군은 포르투갈군의 완강한 저항에 부딪혔지만, 점령하지도 못한 포르투갈의 오렌지 재배 지역을 차지한 것처럼 오렌지를 구해 스페인의 마리아 루이사 여왕에게 보냈다. 과장 보고를 했던 것인데 19세기 초만 해도 오렌지는 유럽 남부 일부 지역에서만 재배되는 비싼 과일이었던 데다 주요 전략물자였기에 재배 지역의 확보는 전리품으로서의 가치가 있었다. 이게 바로 오렌지 전쟁이라는 명칭의 유래인데 이 전쟁은 영국과 프랑스가 싸운 이베리아반도 전쟁, 그리고 1805년의 트라팔가 해전으로 이어지면서 유럽의 판도를 바꾼 도화선이 됐다.

∴ 마누엘 델 고도이 장군이 스페인의 마리아 루이사 여왕에게 오렌지가 달린 가지를 바치는 모습

유럽에서 오렌지와 특히 관계 깊은 나라가 네덜란드다. 대항해시대에 동남아와 중국 남부에서 단 오렌지를 가져와 유럽에 퍼트렸고

심지어 왕실도 오렌지 가문이다. 뿐만 아니라 나라의 상징색도 오렌지색, 축구팀은 오렌지 군단이다. 미국 뉴욕시의 상징 색에도 오렌지색이 들어가는데 이 역시 네덜란드와 관련 있다. 뉴욕시의 기원은 예전 네덜란드 사람들이 개척한 뉴암스테르담에서 시작됐다. 이를 기념해 뉴욕시의 상징에도 오렌지색이 들어간다.

레몬과 선원, 그리고 마피아

괴혈병 치료제가 만들어낸
최강의 함대

19세기 초 유럽인들은 영국인, 특히 영국 해군 수병이나 선원을 경멸의 의미를 담아 '라이미Limey'라고 불렀다. 말하자면 '라임주스 마시는 놈'이라는 뜻이다. 그만큼 영국 뱃사람들은 라임이나 레몬즙을 짜서 만든 주스를 열심히 마셨다. 그렇다고 항구에 정박한 선원이나 해군 수병이 휴가지에 놀러온 관광객처럼 야자수 그늘에 앉아서 우아하게 라임주스나 레몬주스를 마셨던 것은 아니다.

시어빠진 레몬주스나 라임즙을 오만가지 인상을 찌푸려가며 쭉쭉 빨아먹었던 것인데, 그렇지 않아도 햇볕에 검게 그을린 데다 오랜 항해로 몰골이 꾀죄죄한 뱃사람들이 다른 나라 사람들 눈에 곱게 보일 리 만무했다. 그래서 경멸하는 말투로 영국 선원과 수병을 라이미라고 불렀고 나중에는 아예 영국 사람을 조롱하는 별명이 된 것이다.

이렇게 영국에서 장기간 배를 타는 선원들은 의무적으로 레몬이나 라임을 먹어야 했다. 그리고 이런 법이 정해지게 된 가장 극단적인 사례가 18세기 중반인 1744년에 있었던 조지 앤슨 함대 사건이다.

1740년 영국과 스페인 사이에 전쟁이 발발했다. 그리고 조지 앤슨 영국 해군제독이 이끄는 여덟 척의 함대가 아시아 태평양 항해에 나섰다. 이 지역에 있는 스페인 식민지를 탈취하기 위한 세계일주 항해였다. 모두 1,955명의 병력을 태우고 출발했는데 4년 동안의 온갖 고생 끝에 중국을 거쳐 영국으로 돌아왔을 때의 인원은 고작 634명뿐이었다. 갖은 고초를 겪기는 했지만 전투로 인한 전사자는 불과 4명뿐이었고 나머지는 열병과 이질, 그리고 대부분이 괴혈병 때문에 사망했다고 한다.

괴혈병은 비타민C 결핍으로 생기는 병이다. 초기에는 잇몸 출혈에서 시작해 서서히 피부가 괴사하며 마침내 죽음에까지 이르게 된다. 17세기부터 18세기 말까지 수많은 선원들이 괴혈병으로 죽었는데 당시에는 왜 이런 괴질에 걸려 죽는지 이유조차 알지 못했다. 그러다가 치료법을 개발한 사람이 영국 해군 군의관 출신인 제임스 린드*James Lind*였다. 1747년 체계적인 임상 실험 끝에 치료법을 찾았다.

제임스 린드는 먼 바다로 항해를 떠난 후 두 달 만에 괴혈병이 발생하자 12명의 환자를 2명씩 6개 그룹으로 나누어 서로 다르게 처방했다. 식사는 똑같이 지급했지만 추가 지급분이 달랐다. 그룹 1은 사이다(사과술), 그룹 2는 산성 음료, 그룹 3은 식초 여섯 숟가락, 그룹 4는 바닷물, 그룹 5는 레몬 및 라임 그리고 그룹 6은 보리차와 향신료를 지급했다. 그 결과 레몬과 라임을 먹은 그룹에서 뚜렷한 치료 효과가 나타나면서, 괴혈병에는 감귤류 과일이 특효라는 사실을 밝혀낼 수 있었다. 이후에도 계속된 꾸준한 연구 끝에 치료 효과가 입증되면서, 1795년 괴혈병 방지를 위해 공식적으로 레몬주스가 영국 해군 식단에 추가되었다. 다만 레몬(라임) 역시 다른 채소와 마찬가지로 먼 바다 항해에 나서면 장기간 보관이 어렵기 때문에 레몬즙을 짜서 용기에 넣고 그 위에 충분한 양의 기름을 쏟아 부어 저장했다고 한다.

여담으로 1805년 트라팔가 해전에서 전사한 넬슨 제독이 마지막으로 마신 음료 역시 기름으로 채워 산화를 방지한 레몬주스였다. 군함 안에 마실 것이라고는 레몬주스밖에 없었기 때문이라고 한다. 레몬은 이렇게 영국 해군을 막강 함대로 그리고 19세

❖ 괴혈병의 치료법을 발견한
영국 의사 제임스 린드 초상

기 영국을 해양강국으로 만드는 데 일조를 했다.

마 피 아 출 현 이

레 몬 때 문 ?

영국 해군을 비롯해 유럽 여러 나라의 선박회사에서 앞다투어 레몬을 사들이다 보니, 당연히 레몬 특수가 생겨날 수밖에 없었다. 영국 해군에서만 한 해 구입하는 레몬주스가 160만 갤런을 넘었을 정도였다. 영국은 해군과 선박에 공급할 레몬을 주로 이탈리아와 터키에서 수입했는데, 이렇게 레몬 수요가 폭발적으로 늘면서 19세기 이탈리아가 특히나 레몬 특수를 누렸다. 1850~60년 사이의 약 10년 동안 이탈리아의 레몬 수출이 2배 이상 증가했다. 그로 인한 경제적 이익은 대부분 시칠리아가 차지했는데, 당시 유럽에 공급되는 레몬의 약 3/4를 시칠리아에서 재배했기 때문이다.

고수익 과일이었던 데다 수요 폭발로 시칠리아

❖ 1849년에 발행된 비타민C 관련 기사

재배 농가들은 큰돈을 벌었지만 그에 비례해 부작용도 만만치 않았다. 레몬 도둑이 극성을 부렸지만 쉽게 막을 수도 없었고, 그러다 보니 치안이 극도로 불안해졌다.

원래 이탈리아는 로마제국 멸망 이후 천년이 넘게 수많은 도시국가로 나뉘었다가 1870년대에 통일된 국가다. 이 과정에서 통일전쟁이 치열했고 독립왕국이었던 시칠리아는 통일에 반대해 싸우다 패해 이탈리아 왕국에 편입됐기에 치안이 극도로 어수선했다. 그동안 잘 유지됐던 봉건 토지제도도 이때 함께 무너졌다.

통일전쟁의 혼란기에 정치, 경제, 사회 시스템이 무너진 데다 황금알을 낳는 거위 같은 레몬 특수까지 생겼으니 도둑이 들끓고 범죄가 만연하는 것은 당연했다. 더군다나 레몬 농사는 관개시설 정비 등 막대한 자본 투자가 필요했기에 레몬 농장주들은 스스로를 지키기 위한 조직이 필요했다.

이때 부상한 것이 예전 관리인이었던 '가벨로티'였다. 19세기 시칠리아는 주민 대다수가 농업에 종사하고 있었는데, 이들은 자영농이 아니라 소작농에게 빌려준 지주의 땅을 가벨로티Gabelloti라는 관리인이 대신 맡아서 관리하는 형식이었다.

공권력에 의한 치안 유지가 어려웠던 시칠리아에서 일부 전직 가벨로티들이 세력화되면서 범죄조직이 됐고, 레몬 농장을 보호한다는 명목으로 돈을 상납받기 시작했다고 한다. 이후 가벨로티 조직이 마피아의 원조가 됐다는 것인데, 실제로 시칠리아에서 마피아라는 용어가 쓰이기 시작한 것은 19세기 후반으로 그 어원은 어깨에 힘을 주고 으스대는 사람

❖ 1900년 시칠리아 마피아 현황을 그린 미국 출판물 수록 지도.
붉은색 점으로 표기된 곳이 마피아가 활동하고 있는 마을이다.

이라는 뜻의 마피오소*mafioso*에서 비롯됐다고 한다.

레몬이 괴혈병 치료에 한몫을 하고 마피아 탄생의 계기가 됐다는 사실은 뜻밖이지만, 따지고 보면 레몬은 일상생활에서 자주 활용된다. 레몬주스나 레모네이드의 형태로 혹은 생선회를 먹을 때 즙을 뿌려서 또는 샐러드에, 요리 재료로 등등 알게 모르게 레몬을 먹는 경우가 많다.

레몬 역시 어원을 추적해보면 그 뿌리와 족보를 알 수 있는데 영어 레몬*Lemon*은 고대 프랑스어에서 왔지만 그 이름이 전해진 과정은 라틴어에서 아랍어, 페르시아어로 거슬러 올라간다. 그리고 궁극적으로는 동남아 언어의 바탕이 되는 말레이어의 리마우*Limaw*에서 비롯됐다고 하니까 레몬의 어원 속에도 과일의 전파 과정이 고스란히 새겨져 있다.

정리하자면 인도와 중국 남부에 뿌리를 둔 오렌지처럼 레몬 또한 동남아의 말레이반도나 보르네오에서 유럽으로 전해진 과일이라는 것인데, 그런 만큼 레몬과 오렌지는 서로 비슷한 부분이 많다.

그러면 레몬과 오렌지는 태생적으로 어떤 차이가 있을까? 레몬과 오렌지는 서로 다른 과일인 것 같지만 유전적으로 비슷한 부분이 많다. 이들 열매가 동양에서 서양으로 전해지는 과정이나 시기도 비슷비슷한데, 레몬의 유럽 전래는 여러 설이 있지만 대략 쓴 오렌지와 비슷하게 10세기 무렵으로 보는 것이 일반적이다.

물론 레몬이 1세기 무렵에 로마제국에 전해졌다는 주장도 있고, 심지어 기원전 1,500년 전쯤 이집트의 파리오가 레몬주스를 마셨던 흔적이 있다는 주장도 있지만, 그 정체는 확실치가 않다. 다만 레몬이라는 이름이 확실하게 보이는 것은 10세기 초, 아랍 학자 알 루미가 쓴 『농업 *Farming*』이라고 하니까, 쓴 오렌지와 비슷한 시기에 유럽으로 전해졌다고 보는 것이 일반적이다.

처음 전해진 레몬은 쓴 오렌지와 용도가 비슷했다. 주로 향수나 의료용으로 쓰였는데 장미수*rosewater*처럼 레몬수*lemon water* 역시 미용 목적 또는 의료용으로 사용됐고, 나무는 부자들이 정원수로 심었다. 그러던 것이 괴혈병 치료제의 특효약으로 자리 잡으면서, 그 위상을 넓혀 역사를 뒤흔든 계기를 마련했던 것이다.

귤,
임금이
총애의
표시로
내린
보물

서양의 오렌지,
동양의 귤

귤과 오렌지는 분명 다른 과일이다. 생김새부터 맛까지 차이가 많다. 하지만 족보를 따져보면 이야기가 달라진다. 식물 분류, 다시 말해 유전적으로 보면 남매 사이다. 앞서 이야기한 것처럼 오렌지는 감귤류 원품종인 만다린 오렌지와 포멜로의 교배로 생겨났다. 귤도 마찬가지다. 지금 우리가 먹는 귤의 모체 역시 만다린 오렌지와 포멜로의 교배종이다.

부모가 같은데 귤과 오렌지를 나누는 이유를 최대한 단순화해서 말하자면 포멜로 유전자 비율이 다르기 때문이다. 쉽게 말해 같은 형제자매라고 해도 엄마를 더 닮았는지, 아빠를 더 닮았는지의 차이다.

어쨌거나 귤은 한국을 비롯해 일본과 중국 등 동북아에서 주로 자라는 과일이다. 하지만 원산지는 아시아 남부로 추정하는데, 중국에서는 아주 오랜 옛날부터 기록이 남아있다.

사서삼경 중 하나인『서경』「우공」편을 보면, 남쪽의 하나라에서 귤과 유자를 공물로 보냈다고 나온다. 하(夏)는 주(周)와 상(商)에 앞서 황하 유역에 세워진 나라니까 대략 기원전 16세기 무렵이다. 다른 옛 문헌을 봐도 귤은 꽤 일찍 중원에 전해진 것으로 보인다.

기원전 2세기 때 사마천이 쓴『사기』에도 지금의 산동성인 제나라에는 소금과 물고기가 풍부하고 호남과 호북성 일대인 초나라에는 귤과 유자가 흔하다고 적혀있다.

『삼국지연의』에도 귤이 보인다. 여섯 살 된 아이 육적에게 귤을 주었더니 어머니에게 드리겠다면서 가슴에 귤을 품고 나왔다는 회귤고사다. 소설『삼국지』뿐만 아니라 3세기 역사서인 진수의『삼국지』「육적전」에도 실려있으니 창작이 아니라 실제 있었던 일로 보는 게 타당하다.

이렇게 기록으로 볼 때 남국 과일인 귤이 진작부터 중원에 알려진 것은 맞지만, 재배 지역이 제한되었기에 3세기 무렵에도 상류층 아니면 맛볼 수 없는 귀중한 과일이었다. 하지만 끊임없는 품종개량과 진화를 통해 7~9세기 당나라 때 획기적인 신품종 온주 밀감이 나왔고 재배지 또한 절강성 온주를 넘어 하남성과 강소성을 흐르는 회하 이남까지 확대됐

다. 회하는 강남 귤이 강북 가면 탱자가 된다는 속담에 나오는, 강남과 강
북을 가르는 기준이 되는 바로 그 강이다.

우리나라에서는 처음부터 제주도 등지에서 자생했는지 혹은 중국 남
부나 동남아를 통해 전해졌는지 여부는 기록이 없어 자세히 알지 못한
다. 다만 늦어도 삼국시대에는 이미 옛날 탐라인 제주도에서 귤을 재배
했을 것으로 추정한다. 『고려사』에 백제 문주왕 2년(476년)과 고려 태조
때(925년) 탐라에서 토산물을 바쳤다고 나오는데, 이때 귤도 포함되었
을 것이라고 짐작한다. 다만 명확하게 귤이라고 적시하지 않은 만큼 어
디까지나 추측일 뿐이다. 한편 일본의 옛 문헌인 『고사기』에는 귤이 신
라에서 전해졌다고 했으니, 삼국시대 이전부터 제주도에서는 귤을 재배
했던 듯하다.

귤이라고 명시된 분명한 기록은 좀 더 나중의 『고려사』에서다. 문종 6

년(1052년), 탐라에서 진상하는 귤의 숫자를 일백포로 조정해 결정했다는 기록이 나온다. 뒤집어 해석하면 그 이전부터 제주도에서 올리는 진상품목 중에 귤이 포함돼 있었다는 이야기가 된다.

귤과 감귤과 밀감,
그리고 서양 귤

그런데 귤이 무슨 뜻일까? 귤을 또 다른 말로는 감귤이라고도 하고 밀감이라고도 하는데, 이게 다 무슨 말인지 헷갈린다. 많은 경우 귤과 감귤, 그리고 밀감을 별 구분 없이 쓰지만 이 세 가지 이름은 각각의 의미가 따로 있다. 먼저 귤이다. 얼핏 순 우리말 같지만 실은 한자로 귤(橘)이라고 쓴다.

귤은 나무 목(木)과 율(矞)로 이뤄졌다. 율이라는 글자에는 송곳, 가시라는 뜻을 비롯해 다양한 의미가 있다. 귤나무에는 가시가 없는데 왜 이런 글자를 썼을까? 먼저 품종개량되기 이전의 옛날 귤나무에는 탱자나무처럼 가시가 있었기 때문일 수 있다. 혹은 다른 이유일 수도 있다. 자전을 보면 율에는 상서로운 꽃구름이라는 뜻이 있다. 그래서 옛날 사람들은 나무에 노랗게 익은 귤이 주렁주렁 열린 모습을 보고 상서로운 기운을 품은 구름이 열렸다고 상상했을 수 있다. 그래서 귤은 나무에 황금알이 열매처럼 달린 모습을 형상화한 글자라고도 풀이한다. 귤 하나 놓고 허풍이 너무 심했다고 할 수도 있겠지만 귤이라는 한자가 만들어진 기원

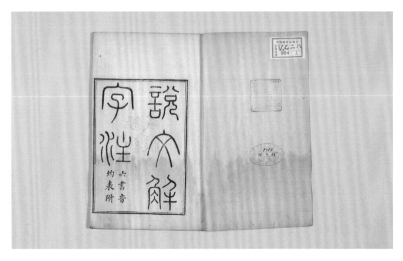

전 1세기 이전에는 충분히 그런 상상을 했을 만하다.

당시 귤은 하늘나라 신선이나 맛볼 수 있는 과일이었고 귤 1개 값이 황금알에 버금갈 정도로 귀한 열매였기 때문이다. 옛 중국의 한자 해설서인『설문해자주(說文解字注)』를 보면 귤이 남국에서 나온다(生南國)고 했다. 중원에서는 볼 수 없는 특별한 과일이었기에 값비싼 과일을 넘어 복된 기운이 넘치는 열매로 여겼던 것이다. 귤이라는 이름에 담긴 의미다.

그러면 감귤은 또 무슨 뜻일까? 귤 중에서도 감처럼 동그랗고 예쁜 귤로 알고 있는 사람도 적지 않은데 절대 그런 뜻이 아니다. 감귤은 감(柑)이라는 과일과 귤(橘)이라는 과일을 합쳐 부르는 이름이다. 감과 귤은 비슷한 것 같지만 엄연히 다른 과일이다. 더군다나 가을철 과일인 감, 한자로 홍시, 연시라고 할 때의 그 감(柿)과는 근본적으로 다르다.

사실 지금은 전문가조차 감과 귤을 구분하지 못한다고 한다. 감과 귤

사이에 숱한 교배가 이뤄지면서 지금 먹는 귤이 만들어졌기 때문이다. 하지만 옛날에는 분명 차이가 있었던 모양이다. 12세기 송나라 때, 감귤 명산지인 지금의 중국 절강성 온주 군수를 지낸 한언직이 『귤록(橘錄)』을 썼는데 여기에 감과 귤을 구분해놓았다.

감귤에는 모두 27종이 있으며 이중 감이 8종, 귤이 14종이 있다고 했다. 나머지는 오렌지(橙), 유자(柚) 종류라는 것이다. 『귤록』에는 이렇게 감과 귤이 다른 종류라고만 구분했을 뿐 차이를 명확히 적어놓지는 않았는데 각각의 특성을 토대로 애써 구분하자면, 감은 크기도 조금 작고 껍질이 얇고 맛이 단데 비해 귤은 감에 비해 크고 껍질이 두텁고 더 새콤한 것이 특징이다. 이런 특성을 지난 감과 귤을 교배해 지금과 같은 다양한 종류의 감귤 품종이 만들어졌다.

감과 귤의 이름에는 차이가 있다. 귤이 나무에 상서로운 꽃구름이 달린 것 같은 황홀한 열매라는 뜻이고, 감은 나무 목(木)에 달 감(甘)으로 이뤄진 글자다. 지금 기준으로 보면 달콤한 열매가 열리는 나무라는 단순한 의미에 불과하지만 고대의 기준으로 보면 그 뜻이 또 달라진다.

고대에서는 단맛이 비싸고 귀해서 아무나 맛볼 수 없는 맛이었기에 단맛의 대표인 꿀이 들어간 음식은 약으로 통했다. 그래서 꿀로 버무린 밥을 약식(藥食), 꿀로 버무린 과자를 약과(藥菓)라고 불렀던 것이다. 이렇듯 소중한 맛이었기에 『설문해자주』에서는 단맛(甘)을 아름다운 맛(美)이라고 했고, 기막힌 맛(眞美)이라고 표현했으며, 맛 중에서도 풍요롭고 좋은 맛(味道之腴也)라고 극찬했다. 그리고 감(柑)은 이런 단맛이 나는 열매였으니 상서로운 꽃구름이 열리는 귤 못지않게 감탄스런 맛의 열매라는 의미가 내포돼 있다.

또 다른 말, 밀감은 꿀 밀(蜜)에 감(柑)자를 쓴다. 그렇지 않아도 달디 달아서 감이라는 이름을 얻었는데 여기에 더해 꿀처럼 달다는 형용사가 붙은 것이 밀감(蜜柑)이다. 밀감은 감(柑) 중에서도 7~9세기 당나라 때 발견된 신품종 과일이다. 고대로부터 감귤 재배지였던 절강성 온주에서 품종개량한 것인데, 껍질이 유별나게 얇고 단맛이 강한 데다가 씨앗도 없어 먹기에 편한 획기적인 신품종이었다. 해서 밀감이라는 이름이 지어졌고 당나라 때부터 황제한테 바치는 공물로 이름을 떨쳤다. 감의 한 품종임에도 밀감이 감귤의 대명사처럼 불리게 된 것은 지금 먹는 귤 종류 대부분이 온주 밀감을 바탕으로 품종개량된 것들이기 때문이다.

이쯤에서 궁금한 게 하나 있다. 서양은 오렌지가 중심이지만 귤도 있다. 특히 요즘 미국 마트에서는 다양한 귤 종류를 볼 수 있다. 그러면 미국

❖ 수없이 다양한 감귤 종류.

에서는 귤을 무엇이라고 할까? 품종에 따라 만다린 오렌지*mandarin orange*, 탠저린*tangerine*, 클레멘타인*clementine*, 사츠마 오렌지*satsuma orange* 등등 다양한 이름으로 부른다. 그런데 귤의 영어 어원을 찾아보면 한자 어원과는 또 다른 흥미로운 사실을 발견할 수 있다.

먼저 만다린 오렌지는 중국 오렌지라는 뜻이다. 전문가들이 쓰는 용어인 감귤 원 품종과 같은 이름이다. 중국, 나아가 아시아에서 전해진 감귤이라는 의미다.

영어 귤 이름으로 널리 알려진 탠저린은 엉뚱하게도 지명에서 비롯됐다. 북아프리카 모로코의 항구도시 탄제르*tanger*가 어원이다. 귤이 19세기 초, 이 항구를 통해 영국을 비롯한 유럽에 퍼졌기 때문이다.

또 다른 귤 이름인 클레멘타인은 동화에 나오는 여자아이 이름 같아서 꽤나 그럴듯한 유래가 있을 것 같지만, 무미건조하기 그지없다. 19세기 말, 북아프리카 알제리에서 고아원을 운영하던 선교사의 정원에서 발견된 귤 품종이기에 선교사 이름을 따서 지었다고 한다.

사츠마 오렌지는 이름에서 짐작할 수 있는 것처럼 일본 지명에서 비롯됐다. 메이지 시대였던 1876년 미국 플로리다에 전해진 당도가 높고 씨가 없는 귤을 토대로 미국 플로리다와 캘리포니아에서 퍼진 귤 종류다. 사츠마 오렌지라고 하니까 우리한테 익숙하지 않은 귤 품종일 것 같지만 사실 제주도에서 많이 재배한 온주 밀감과 비슷한 종류의 귤이다.

이렇게 귤의 영어 이름은 전해진 지명이나 인명에서 비롯됐으니 동양의 감귤과 달리 신비하고 맛있는 과일이라는 느낌은 전혀 없다. 오렌지나 레몬과 다르게 그만큼 늦게 전해졌기 때문이다.

너 무 귀 해 서 겪 은
수 탈 의 역 사

지금은 귤이 겨울철 가장 흔한 과일이 됐지만 예전에는 달랐다. 이름에서 알 수 있듯 꿈의 과일이고 황금 열매였다. 세월을 거슬러 조선시대에는 귤 먹는 날이 잔칫날이었다. 제주도에서 보낸 귤이 한양에 도착한 것을 기념해 과거시험까지 봤을 정도다.

귤 귀하기는 일본도 마찬가지였다. 한반도보다 날씨가 따뜻해 귤 재배가 쉬웠던 일본이지만 그럼에도 귤은 특별했다. 그래서 8세기 일왕이 총애하는 궁녀 가문에 귤을 성씨로 하사했다. 일본 4대 성씨 중 하나인 타치바나(橘氏)가 생긴 유래다. 중국 또한 예외가 아니어서 황제조차도 귤껍질을 버리지 않고 먹었을 정도다. 귤이 얼마나 대단했는지를 보여주는 실례들이다.

19세기 조선의 풍속을 기록한 『동국세시기』에는 11월이면 제주도에서 귤과 유자 등을 진상하는데, 임금은 이것을 종묘에 바쳐 제사를 지낸 후 가까운 신하들에게 하사한다고 적혀있다. 또 옛날부터 탐라의 성주가 귤을 바치면 이를 기념해 과거시험을 본다고 했다. 이렇게 보는 과거를 감제(柑製) 혹은 황감제라고 불렀고, 이 시험에서 일등을 한 사람은 장원급제로 뽑았으며, 시험에 참가한 선비들에게는 귀한 과일인 귤을 골고루 나누어주었다.

그러니 제주도에서 귤이 도착하면 거의 축제 분위기였다. 1년에 한 번 귀중한 과일인 귤을 맛볼 수 있는 데다가 임금의 총애를 확인할 수 있는 기회였기 때문이다. 조선 초기부터 귤은 임금이 신하들에게 은총을 베풀는 통치의 도구로 활용됐다. 『국조보감』에 태종이 이명덕과 목진공이라는 신하에게 "경들에게는 늙으신 어머님이 계신 줄 알고 있기에 특별히 하사하는 것"이라며 각각 귤 한 그릇씩을 하사했다는 기록이 보인다.

이런 귤이었으니 잘못 취급하면 담당 관리가 문책을 당했다. 숙종 17년(1691년) 제주도에서 보낸 귤이 썩어서 도착했다. 왕실 조달청인 사옹원에서 진상한 귤이 썩었으니 운반 책임자를 문책해야 한다고 주장하자, 숙종이 바닷길에서 순풍을 기다리다가 썩은 것이지 운반한 사람의 잘못이 아니라며 문책하지 말라고 말렸다. 숙종은 또한 제주목사 이형상으로 하여금 제주도 각 고을을 돌면서 제주도의 풍속과 자연을 그리게 했는데, 바로 40폭의 채색그림으로 이루어진 화첩《탐라순력도(耽羅巡歷圖)》이다.《탐라순력도》에는 귤과 관련된 그림도 포함되어 있다.

귤은 귀했던 만큼 수탈의 대상이기도 했다. 『조선왕조실록』을 보면, 성종 20년 제주도 백성 중에 감귤나무를 가진 자가 있으면, 수령이 열매가 달렸건 달리지 않았건 귤을 거두려고 괴롭혔기에 백성들이 견딜 수 없어 나무를 베고 뿌리까지 없애는 경우가 있다고 했다.

명종 20년에도 현지 수령이 지나치게 귤을 거두어 문제가 됐다. 신임 목사 이선원이 탐욕스럽고 포악해서 민간의 감귤나무를 관에서 빼앗고 열매도 함부로 거두어들이니 백성들이 고통을 견디지 못하는 데다 거둔 귤을 한양으로 보내 승진운동을 하고 있으니 파직해야 한다는 상소가 올라왔다. 하지만 명종은 파직할 필요까지는 없으니 교체 인사를 하라고 명령한다.

제주도에서 귤을 수탈하는 것은 현지 수령 탓만은 아니었을 수도 있다. 경우에 따라서는 임금이 무리한 요구를 했기에 현지에서 그 몇 배로 수탈을 했던 측면도 있다. 연산군 8년 3월 11일, 임금이 현지의 제주목사에게 귤 철이 아닌 것을 뻔히 알면서도 귤을 보내라고 독촉을 한다. 비록 귤이 열리는 철은 지났지만 따서 저장해놓은 것이 있으면 봉하여 올리고 나무에 달린 것이 있으면 가지에 붙어있는 채로 올려 보내라는 것이다.

현지에서 어떤 상황이 벌어졌을지 안 봐도 충분히 짐작할 수 있다. 2년이 지난 연산군 10년에는 또 제주에 명령을 내려 금귤 1,000개를 급하게 올려서 보냈으니, 시도 때도 없이 귤을 보내라는 명령에 시달렸음을 알 수 있다.

귀 한 귤 을 향 한

끝 없 는 예 찬

귤은 그만큼 귀한 과일이었다. 중국의 수양제도 귤껍질도 버리지 않고 알뜰하게 활용한 인물이다. 7세기 생선회에 곁들여 먹는 최고급 양념장으로 금제(金虀)라는 소스가 있었다. 역사상 이름난 폭군으로 사치와 향락에 빠져 지냈던 수양제가 아주 좋아했다는 양념장이다. 금제라는 소스, 대단한 산해진미일 것 같지만 실은 귤껍질을 다져 겨자와 함께 무쳐놓은 것이다.

심지어 귤껍질까지도 소중한 약재로 사용됐다. 그래서 『본초강목』에는 아예 귤껍질이 약으로 수록돼 있다. 지금도 겨울이면 귤껍질로 귤 차를 끓여 마시는 것도 이런 역사적 사실을 배경으로 하고 있다.

이렇게 7세기 무렵에도 껍질까지 약재로 쓰고 황제가 먹는 양념 소스로 사용했을 정도였으니, 그보다 약 700년 앞선 기원전 3~4세기 춘추전국시대에는 귤이 세상에서 제일 좋은 과일로 이름을 떨쳤다.

전국시대 초나라의 시인이자 정치가인 굴원이 「귤의 노래(橘頌)」를 지으며 "천지간의 아름다운 귤나무여, 하늘의 뜻을 받아 남국 초나라에서만 자라는구나"라고 읊었다. 다른 곳으로 옮기면, 즉 따뜻한 남국을 떠나서는 살지 못하는 귤의 특성을 자신의 곧은 뜻에 비유하기도 했는데 이렇게 드물어 귀했던 과일인 만큼 진작부터 천자한테 바치는 공물이 됐다.

앞서 귤의 동북아 전파 과정에서 잠시 언급한 서경의 우공 편은 하 왕조를 세운 전설상의 영웅, 우 임금이 홍수를 다스리고 천하를 통일하는 과정을 지리적 관점에서 서술한 책이다. 여기를 보면 회하와 바다 사이에 있는 양주(揚州) 사람들이 보따리에 귤과 유자를 싸서 우왕에게 공물로 바쳤다는 구절이 나온다.

우 임금은 하나라를 건국한 왕이니 기원전 2070년 전쯤으로 지금으로부터 4,000년 전 사람이다. 그리고 우왕이 살았던 하나라의 도읍지는 지금의 하남성 낙양시 부근이다. 우공에 나오는 양주를 회하 이남과 바닷가 사이 땅이니 강소성 남부쯤으로 보면 낙양까지는 현대 기준으로도 결코 가까운 거리가 아니다. 4,000년 전에 머나먼 거리를 실어 날라 천자에게 공물로 바쳤을 정도니, 귤과 유자가 춘추시대에 얼마나 귀한 대접을 받았을지를 어렵지 않게 짐작할 수 있다.

때문에 『사기』「소진열전」에서는 소진이 진나라에 대항하기 위해 여섯 나라가 힘을 합쳐야 한다며 합종책을 주장할 때 조나라를 설득하면서, 자기 말을 들으면 부의 원천으로 제나라에서는 물고기와 소금이 나는 바다를 얻을 수 있고 초나라에서는 귤과 유자가 나는 땅을 얻을 수 있다고 강조했다.

옛날에는 귤이 흔한 과일이 아니었기에 중국 고사에는 귤과 관련해 널리 알려진 이야기가 많다. 그중 '감귤천수(柑橘千樹)'라는 고사성어도 있다. 후손을 위해 천 그루의 귤나무를 심었다는 뜻이다. 『사기』「화식열전」에 나오는 이야기로 삼국시대에 오나라 단양태수 이형이 자손들에게 재산을 물려주는 대신 귤나무 묘목 천 그루를 심어 남겨주었다. 전란이 잦았던 시기였던 만큼 부자들은 재물을 빼앗기고 목숨까지 잃었지만 이형의 후손은 재물과 현금이 없었기에 불상사를 겪지 않고 무사히 전쟁을 넘겼다.

이윽고 귤이 열매를 맺기 시작하면서 자자손손 후손들이 부자로 살았다는 것인데 우리나라 제주도에서도 귤나무 몇 그루만 있으면 자식을 대학까지 졸업시킬 수 있어 귤을 대학나무라고도 불렀던 것과 마찬가지다. 고대 중국에서 귤의 위상을 보면 삼국시대에 귤나무 천 그루는 거의 재벌 수준의 자산 가치였다고 볼 수 있으니 말이다.

강남 귤과
강북 탱자

강남 귤이 강북 가면 탱자 된다는 속담이 있다. 사람은 처한 환경에 따라 바뀔 수 있다는 비유로 많이 쓰이는 이 말, 과학적으로는 또 다른 의미가 있다.

일단 이 속담의 출처는 귤화위지(橘化爲枳)로, 춘추시대에 초나라 영왕이 사신으로 온 제나라 재상 안영을 모욕하는 과정에서 나온 말이다. 영왕이 안영을 만날 때 마침 포승에 묶인 죄인이 지나갔다. 죄목을 묻자 제나라 출신인데 도적질로 잡혔다고 했다. 영왕이 보란 듯 "제나라 사람은 모두 도둑질을 잘하냐?"고 물으니 안영이 "강남 귤을 강북에 옮기면 탱자가 되는데 그건 토질과 물이 다르기 때문"이라며 "제나라에서는 도둑질을 몰랐는데 초나라에서 도둑이 된 것을 보면 초나라 풍토가 나쁜 것 같다"고 대답했다.

안영의 정치적 기지가 번뜩이는 고사로 후세에 널리 인용됐지만 한편으로는 당시 사람들의 과학적 무지를 엿볼 수 있다.

귤이 탱자로 바뀐다는 강남과 강북을 나누는 기준이 되는 강이 회하(淮河)다. 황하와 양자강 중간을 흐르는 중국에서 세 번째로 큰 강으로 화북과 화동의 경계선이 된다. 회하를 기준으로 중국 남북의 지리와 기후가 달라지는데 북쪽은 밀 중심의 밭농사, 남쪽은 쌀 중심의 논농사 지역이다. 그런 만큼 문화와 기질, 풍토까지 다르다. 아무리 그렇더라도 회하의 남쪽 강남의 귤이 강 건너 강북으로 간다고 어떻게 탱자로 바뀔까 싶은데 이유가 있다.

귤과 탱자는 얼핏 비슷한 종류의 과일처럼 보인다. 감귤 품종이 개량되기 전인 춘추시대에는 더욱 닮은꼴로 보였을 것이다. 하지만 감귤과 탱자는 종자가 완전히 다르다. 예컨대 감귤 유자는 물론 오렌지, 레몬, 라임, 자몽 등은 모두 같은 형제지만 탱자만큼은 배다른 형제다. 귤은 식물 분류법상 운향과 감귤속인데 반해 탱자는 운향과 탱자속의 작물이기 때문이다.

하지만 옛날 사람들은 비슷한 생김새 때문인지 둘을 같은 종류의 과일로 오해했다. 한나라 때 한자 사전인 『설문해자』에는 탱자(枳)와 귤(橘)을 비슷한 나무라고 해석했다. 다만 같은 나무를 심어도 풍토의 차이에 따라 강남에서는 귤이 열리고 강북에서는 탱자가 열리는 것으로 알았다. 중국의 가장 오래 된 기술서적인 주례『동관고공기』에서는 그 이유를 땅

❖ 청나라 건륭제의 강남 순례를 그린 작품 중 회하 풍경 일부 모습

의 기운 때문이라고 설명했다(此地氣然也).

조선 후기의 석학 다산 정약용 역시 귤이 회수를 건너면 탱자가 되는 까닭을 식물의 성질은 땅 기운(地氣)의 따뜻함과 차가움(冷煖)에 따라 달라지기 때문이라고 여겼으니, 18세기에도 정확한 이유를 몰랐던 것 같은데 사실은 당시 귤의 북방 재배 한계선이 회하였기 때문이다.

양귀비, 클레오파트라,
페르세포네의 공통점

미녀는 석류를 좋아한단다. 석류 먹고 자꾸자꾸 예뻐지면 어떻게 하냐며
고민한다. 한때 크게 유행했고 지금도 많은 사람들이 기억하는 광고 노
랫말이다. 그런데 미녀는 진짜 석류를 좋아할까? 석류를 먹으면 정말 자
꾸자꾸 예뻐질 수 있을까?

　웃자고 한 개그에 죽자고 다큐로 따지는 것처럼 상품 광고를 놓고 진

실성 여부를 따지는 게 다소 민망하기는 하다. 그래도 팩트 체크를 해보자면 일단 미녀가 석류를 좋아한다는 말은 사실일 수 있다. 역사상 적지 않은 미녀들이 석류를 좋아했기 때문이다. 석류 맛에 푹 빠졌던 미녀로 서양에서는 클레오파트라, 동양은 양귀비, 그리고 신화에서는 페르세포네 여신을 꼽을 수 있다.

이들의 석류 사랑에 대해서는 각각의 전설 같은 이야기가 전해진다. 기원전 1세기의 이집트 여왕 클레오파트라는 석류를 너무 좋아해 매일 석류즙을 마셨고 석류 씨앗으로는 립스틱을 만들어 발랐다고 한다. 그러니 로마 장군 카이사르와 안토니우스를 유혹한 비결이 어쩌면 석류에 있었을지도 모른다.

양귀비도 클레오파트라 못지않게 석류를 좋아했다. 석류가 익을 무렵이면 아예 석류 숲에서 지냈기에 당 현종은 양귀비를 위해 장원의 궁궐, 화청궁에 석류 숲을 만들었다. 그래 놓고 석류꽃이 흐드러지게 피면 함께 꽃구경을 했고, 술 취한 양귀비가 미간을 찌푸리면 술 깨라며 손수 석류를 까서 빨간 석류 알을 양귀비 입속에 넣어줄 정도였다.

이러니 미녀는 석류를 좋아한다는 광고가 만들어질 법도 했는데, 그러면 클레오파트라와 양귀비 이야기가 사실일까? 일단 역사 기록에는 보이지 않기에 사실 여부는 알 수 없지만, 적어도 클레오파트라 이야기는 신빙성이 있다. 고대 이집트에서 왕실의 공주와 상류층 여인들은 석류를 짜서 즙을 마시고 석류 씨앗과 석류 껍질로 옷감에 물을 들였으며 화장품을 만들어 사용했다고 전해지기 때문이다. 그러니 클레오파트라 역시 예외는 아니었을 것이다.

양귀비와 석류 이야기 역시 역사책에는 보이지 않는다. 그러나 석류와 관련된 양귀비 이야기는 한두 가지가 아니다. 중국에 석류치마에 엎드려 절한다는 속설이 있다. 기생치마 폭에 빠져 지낸다는 우리말과 비슷한 뜻으로 쓰는데 이런 말이 생긴 유래가 있다.

어느 날, 현종이 신하를 초청해 잔치를 열고 양귀비에게 춤을 추어 흥을 돋우라고 했다. 그러자 양귀비가 신하들이 자신을 곁눈질로 보며 예를 다하지 않으니 그들을 위해 춤을 추고 싶지 않다고 속삭였다. 자신이 총애하는 양귀비가 굴욕을 당했다고 생각한 현종이 신하들에게 앞으로 양귀비를 보면 무릎을 꿇고 예를 다하라고 명했다. 그리하여 모든 신하들이 양귀비가 입은 붉은색 석류치마만 보면 엎드려 절을 했다는 것이다.

터무니없는 이야기지만 나름 출처는 있다. 당나라 시인 백거이가 양귀비와 현종의 사랑 이야기를 시로 읊은 「비파행」에 석류치마 입은 여인이 너무 아름다워 술잔을 엎었다는 구절을 가공해 생겨난 이야기라고 한다. 논리적으로는 허술한 설명이지만 어쨌든 중국의 석류 이야기는 이렇듯 기승전 양귀비로 이어진다.

서양에서는 클레오파트라와 더불어 고대 그리스 신화의 여신, 페르세포네도 빠질 수 없다. 지하세계의 신 하데스의 아내로 땅밑 세상의 여왕인 페르세

❖ 꽃밭에 있는 양귀비를 표현한 목판화

248

포네는 신들의 신, 제우스와 곡식의 여신 데메테르 사이에서 태어났다. 어느 날, 하데스가 아름다운 여인으로 성장한 페르세포네를 보고 반해 지하세계로 초대했다. 재미있게 놀고 난 후 이제 집으로 돌아가겠다는 페르세포네에게 하데스가 지하세계의 과일, 석류를 맛보고 가라며 유혹했다.

영롱한 색깔의 석류알과 먹음직스런 모습에 반한 페르세포네가 그만 석류 3개를 먹었다. 지하세계의 과일을 먹은 덕분에 페르세포네는 지상으로 올라올 수가 없었는데 이를 안 어머니, 곡식의 여신 데메테르가 상심에 빠지자 땅 위의 모든 작물이 싹을 피우지 못했다. 큰일이 났다 싶은 제우스의 중재로 페르세포네가 결국은 풀려났는데 석류 3개를 먹었기에 그 대가로 일 년 중 석 달은 땅 밑 세계로 내려가 하데스와 지내야 했다. 지상에서 겨울철 석 달 동안 곡식이 자라지 못하는 이유다. 서양에서 석류는 치명적인 유혹의 과일로 이렇게 지하세계의 이미지가 반영되어 있다.

서역의 신비한 과일이

한 무제의 후원으로

신화가 됐건 전설이 됐건 아니면 문학 속 창작이 됐건, 어쨌거나 옛 사람들은 석류를 미녀와 연결 지어 생각했다.

잘 익은 석류 알이 예쁘고 탐스럽기에 미녀한테 어울린다고 여겼을 수 있고, 혹은 옛날에는 석류가 흔한 과일이 아니었기에 여신이나 왕비, 공주가 먹는 상류층의 과일이라는 환상을 품었을 수도 있다. 그리고 또 하나의 가능성이 있다. 석류의 역사와 전파 과정에서 빚어진 이미지 때문일 수도 있는데, 동양의 경우 석류 이름에 그 수수께끼를 풀 열쇠가 숨어 있다.

석류는 기원전 2세기쯤 중국에 전해졌다. 『자치통감』에 한 무제 때 외국에 사신으로 간 장건이 18년간 그곳에 머물다 돌아올 때 석류를 얻어왔다고 전한다. 보충설명을 하면 기원전 2세기 흉노와 대립했던 한나

라는 그 위세에 눌려 지냈기에 흉노 견제를 위해 서역의 월지국과 동맹을 모색했다. 그래서 장건을 대표로 사절단을 꾸려 어디 있는지도 모르는 월지국을 찾아

♣ 기원전 130년경 원정을 위해 한 무제의 곁을 떠나고 있는 장건

나선다. 기원전 139년 출발한 사절단은 곧 흉노에 잡혔고 장건은 약 10년간의 포로생활 후 서역의 대완국(大宛國)으로 가서 그곳에서 월지국의 위치를 알아낸다.

참고로 대완국은 지금의 우즈베키스탄 페르가나 지방에 있었던 나라로, 신라 때 수도였던 경주 천마총에 그려져 있는 말, 천마(天馬)가 나온 곳이다. 대완국을 떠나 고생 끝에 월지국에 도착한 장건은 동맹을 요청했지만 거절당하고 한나라로 돌아오다 또 흉노에 잡혀 다시 13년간 억류된 끝에 기원전 126년쯤 한나라로 돌아왔다.

석류는 장건이 이렇게 서역에 갔다고 돌아오면서 종자를 구해와 퍼트렸다는 과일로 이름에서도 그 경로를 알 수 있다. 석류는 한자로 돌석(石), 석류나무 류(榴)를 쓴다. 돌과 석류가 도대체 무슨 관계가 있을까 싶지만, 여기서 돌은 굴러다니는 돌멩이가 아니라 안석국(安石國)에서 따온 말이다. 안석국에서 자라는 나무라는 뜻에서 안석류였는데, 줄어서 석류(石榴)가 됐다.

그러면 안석국은 어떤 나라일까? 고대 파르티아*Parthia* 왕국으로 지금의 이란과 투르크메니스탄 일대에 기원전 247년에서 서기 226년까지 존재했던 나라다. 전성기 때는 영토가 서쪽으로 페르시아와 지금의 시리아, 동쪽으로는 인도 북부와 아프가니스탄에까지 걸쳐있었다고 한다.

그리고 석류나무의 류(榴)는 나무 목(木)과 머무를 류(留)로 이뤄진 글자인데, 이때의 류(留)는 혹 류(瘤)자의 줄임 글자다. 석류나무 열매 속에 혹처럼 생긴 작은 알갱이가 수없이 들어있음을 나타낸 글자다. 석류는 그러니까 안석국에서 자라는 작은 알갱이가 가득 들어있는 과일이라는 뜻이다. 이렇게 멀리 서역의 안석국에서 전해진 과일이었기에, 그것도 탐스럽게 보이고 먹음직스런 열매였기에, 당시에는 천금보다 귀한 종자였고 특별한 대접을 받았다.

한 무제는 석류를 특별히 황제의 정원인 상림원(上林苑)에 심었다고 한다. 우리나라로 치면 조선시대의 비원, 즉 후원과 비슷한 곳으로 진시황 때 건설해 한 무제 때 완성했는데 그 넓이가 사방 300리였다니 어마어마한 규모다.

4세기 때 문헌인 『서경잡기』에는 상림원이 완성되자 신하들이 각지에서 이름난 과일나무와 기이한 수목들을 바쳤는데 모두 2,000 종류였다고 나온다. 여기에 석류도 포함돼 있었다니 당시에는 석류가 서역에서 전해진 기이하고 진귀한 나무이자 열매였다는 뜻이다. 이런 석류를 먹을 수 있는 여자들이라면 분명 황제의 여인들이었을 것이고, 궁궐에 들어와 있는 미녀라면 누구나 황제의 총애를 받아 석류 먹을 자격을 얻는 꿈을 품었을지 모른다.

석류는 동서양에서 수많은 상징과 용어를 만들어냈는데 홍일점(紅一點)도 그중 하나다. 출처는 당송팔대가 중 하나인 송나라 왕안석의 「석류꽃을 노래한다(咏石榴花)」는 시 구절에서 나온다.

"짙은 초록 가지에 붉은 점 하나 / 사람 감동시키는 봄 경치, 많을 필요 없어라(濃綠萬枝紅一點/動人春色不須多)."

봄기운이 퍼져 초록빛 나뭇잎이 무성한 가지에 붉은 석류꽃 하나가 불타듯 피어있는 모습을 붉은 점 하나, 홍일점이라고 노래한 것이 남자들 사이에 유일하게 섞여있는 여자 한 명을 뜻하는 말이 된 것이다. 전통적으로 중국에서 초록은 남자, 붉은색은 여자를 상징하는 색이기 때문이다.

홍일점이라는 말이 널리 쓰이게 된 데도 계기가 있다. 송나라 휘종은 그림을 좋아해 자주 궁중 화가를 모아 옛 시 구절을 주제로 그림대회를 열었다. 어느 날 대회에서 왕안석의 시를 주제어로 제시했다. 대다수 화가들이 초록 새싹이 난 가지 끝에 핀 붉은 꽃으로 봄 풍경을 묘사했지만 아무도 등수에 들지 못했다. 그런데 오직 한 사람만이 나뭇잎 그늘 짙게 드리운 정자 난간에 홀연히 서있는 여인 하나를 그렸다. 어디에도 붉은 점 하나, 예쁜 꽃 한 송이는 없었지만, 황제를 비롯한 모든 참석자들이 그 표현력에 감탄했다.

송나라 사람 진선이 쓴 『문슬신화』라는 책에 나오는 이야기다. 문슬(捫蝨)은 이를 잡는다는 뜻으로 왕 앞에서도 이를 잡으며 태연자약하게 자기 뜻을 이야기했다는 고사에서 따온 책 제목이다.

서양 문명 속
축복과 생명의 상징

동양보다 훨씬 먼 옛날부터 석류를 키우고 먹었던 서양, 특히 인류 문명의 발상지인 메소포타미아 지방을 비롯한 이집트, 그리스 등의 지중해 일대에서, 석류는 하늘에서 자라는 천상의 과일이자 신이 인간에게 내려보내준 축복의 열매였다. 어쩌면 동양에서 석류가 미인의 과일, 다산과 번영을 가져오는 축복의 상징으로 여겨졌던 것도 석류가 서역에서 동양으로 전해질 때 함께 들어온 이미지일 수 있다.

고대 페르시아를 비롯해 중동과 그리스인들의 눈에 석류는 진짜 대단한 과일이었으니, 성경과 쿠란, 그리고 불경에 투영된 이미지에서도 석류의 위상을 엿볼 수 있다.

이슬람 경전인 쿠란에는 석류 이야기가 세 번 나온다. 먼저 쿠란 제6장 99절이다.

"하늘에서 비를 내리게 하사 모든 식물을 움트게 하며 푸른 잎이 나게 하며 그것의 이삭으로부터 낟알을 거두게 하시고 종려나무*palm tree*에서 열매가 송이송이 열리며 보기에는 비슷하지만 맛을 다르게 하며 또 포도와 올리브와 석류나무 과수원을 두시었노라. 그것들이 열매를 맺을 때 그 열매로 너희의 눈을 기쁘게 하라 하시니 그 안에 믿음을 가진 백성에 대한 사랑이 있노라."

제6장 141절에는 종려나무, 포도, 올리브와 함께 석류를 주시니 그 열매가 익을 때 먹으라고 했으며 제55장 68절에서는 천국에는 과실과 종

려나무와 석류가 풍성하다고 나온다. 이렇게 쿠란에서 석류는 신의 정원에서 자라는 천상의 과일이었으며 하나님이 인간에게 내려주는 축복의 과일이었다. 그래서 이슬람 학자 중에는 에덴동산 선악과가 석류라고 주장하는 학자도 있다고 한다.

성경에서도 석류는 축복의 땅에서 자라는 과일이다. 성경에도 석류 이야기가 30회 이상 나오는데 먼저 구약성경 신명기 8장 7~8절이다.

"네 하나님 여호와께서 너를 아름다운 땅에 이르게 하시니 그곳은 골짜기든지 산지든지 시내와 분천과 샘이 흐르고 밀과 보리의 소산지요 포도와 무화과와 석류와 감람나무와 꿀의 소산지라."

젖과 꿀이 흐르는 땅에서 자라는 석류였기에 구약성경 출애굽기 제 28장 33절과 34절을 보면 석류는 하나님께 바치는 축복의 과일이었다. 최초의 대제사장이 된 모세의 형 아론이 입을 사제복을 꾸밀 때 "그 옷 가장자리로 돌아가며 청색 자색 홍색 실로 석류를 수놓고 금방울을 장식하여 달되, 한 금방울 한 석류, 한 금방울 한 석류가 있게 하라. 아론이 이 옷을 입고 여호와를 섬기러 성소에 들어갈 때와 나갈 때에 그 소리가 들리게 하라. 그리하면 그가 죽지 아니하리라"라는 구절이 나올 정도다.

솔로몬 왕이 지은 아름다운 노래를 엮었다는 아가(雅歌) 제7장 12절에도 "석류꽃이 피었는지 보자, 거기서 내가 나의 사랑을 네게 주리라"와 "우리의 문 앞에는 갖가지 귀한 실과가 쌓여있구나. 사랑하는 너를 위하여 쌓아 둔 것이다"라고 노래했다.

불교에서도 마찬가지다. 석류는 레몬(오렌지), 복숭아와 함께 축복을 의미하는 3개의 보물, 즉 삼보(三寶) 과일 중 하나다. 불상을 비롯한 불교 관련 문양에서 석류 문양(石榴紋)이 많이 보이는 이유다.

그런데 옛날 사람들은 석류에 대해 왜 이렇게 환상을 품게 됐을까? 석류의 원산지는 문명의 발상지로, 비옥한 초승달 지역이라고 일컫는 메소포타미아 지방이다. 수메르, 아시리아, 바빌로니아, 페르시아 그리고 중국에서 안석국 또는 안식국이라고 불렀던 파르티아 제국으로 이어지면서 인류 문명이 꽃 피었던 곳이다.

사실 품종개량 전의 고대 과일은 대부분 지금만큼 달콤하고 향긋한 열매가 아니었다. 게다가 종류도 많지 않았다. 또 사과 같은 과일은 너무나 흔한 열매였기에 희소가치가 전혀 없었다. 이럴 때 석류는 품종개량을 통해 지금처럼 맛이 좋아진 다른 과일과 달리 처음부터 보석 같은 과

⚜ 석류 모양의 유대인 토라 장식품

일이었던 것이다.

그렇기에 기원전 10세기의 솔로몬 왕이 구약성경의 아가에서 석류를 귀한 과일이라고 노래했을 것이다. 솔로몬은 고대 이스라엘의 전성기를 이끈 왕이지만 출신부터도 다윗 왕의 아들인 데다 당시 세계 최고의 부자 나라였던 이집트 왕녀와 결혼한 만큼, 부유하기 그지없었다. 이런 솔로몬조차도 귀하다고 했으니 옛날 석류가 어떤 과일이었을지 짐작할 수 있다.

고대 이집트에서도 석류는 최고의 열매였다. 파라오와 왕족, 귀족의 정원을 꾸미는 정원수로 심었고 상류층에서는 석류로 요리를 했으며 연회 때는 석류 주스와 석류 와인을 마셨다. 뿐만 아니라 고대 이집트에서 석류는 살충제를 비롯한 의약품으로, 씨앗과 껍질은 옷감을 물들이는 염료로 사용했다. 동양에서는 석류씨앗으로 붉은 다홍치마를 만들었는데 이집트에서는 껍질로 노란 물감을 들였다.

현대에도 의약품과 염료는 산업적으로 고부가가치 상품이지만, 고대에 약품과 염색제는 지금과는 비교할 수 없을 정도로 값비싼 상품이었다. 그러니 고대 이집트에서 석류를 어떻게 취급했을지 어렵지 않게 상상할 수 있다.

이집트에서 석류는 죽은 후에 가는 천상세계와의 연결고리이기도 했다. 투탕카멘으로 잘 알려진 고대 이집트의 파라오 투트(Tut)의 무덤에서 석류 꽃병이 발굴됐다. 투탕카멘은 기원전 1323년에 18세의 어린 나이에 세상을 떠난 파라오로, 사후세계에서도 석류를 즐기라고 석류 문양의 병을 함께 묻었을 것으로 본다. 그밖에도 석류 그림으로 벽을 장식

한 파리미드가 여럿 발견됐으니 이집트에서 석류는 사후세계를 상징하
는 열매였다.

　그리스에서도 석류는 사후세계, 죽음의 세계와 연결된다. 앞서 말한
것처럼 페르세포네가 지하세계의 과일 석류를 먹고 하데스의 부인이 되
어 일 년 중 세 달을 땅속 세계에 머물러야 한다는 그리스 신화의 내용에
석류의 상징성이 압축되어 있다.

　석류가 지하세계의 과일이라고 해서 그 의미가 부정적인 것은 아니

다. 새로운 탄생인 부활을 전제로 한 죽음의 과일이었기에 부활과 불멸을 상징하는 열매였다. 그래서 고대에는 전쟁에 나갈 때 석류 열매 장식의 창을 들고 나가기도 했다. 전투 중 죽지 않기를, 죽어도 부활하기를 바라는 마음을 석류에 담았던 것이다. 기원전 480년의 그리스와 페르시아 전쟁을 기록한 헤르도투스의 『역사』에 관련된 기록이 있다.

"크세르크세스 대왕 뒤에는 전통 방식에 따라 창을 든 페르시아 귀족 1,000명이 따랐고 그 뒤를 1,000명의 기병이 그리고 그 뒤에는 10,000명의 보병이 줄을 이었다. 이들 중 1,000명은 창날 대신 황금 석류 장식을 꽂은 창을 들었고 9,000명은 은빛 석류 장식의 창을 들었다."

전쟁터로 떠나는 행렬에 석류 창을 들고 간 것은 석류가 단순한 죽음이 아닌 생명과 부활의 상징이었기 때문일 것이다.

깨달음과 축복의 과일 망고

부처가 깨달음을 얻은 게
망고나무 아래?

문화권과 종교에 따라, 혹은 지역마다 특별하게 여기는 과일이 있다. 신의 열매 혹은 천상의 보물을 상징하는 과일이 그렇다. 중동의 이슬람 문화권에서는 석류가 성스러운 과일이었고, 동양, 특히 한국과 중국 일본 등의 동북아시아에서는 복숭아가 그런 과일이었다. 복숭아나무가 숲을 이르는 곳은 특별한 세상이라서, 신선들이 사는 곳이라며 무릉도원이라고 불렀을 정도다. 동양의 민속과 전통 풍속, 종교에는 이런 믿음이 곳곳에 깃들어 있다. 뒤쪽에서 다시 다루겠지만, 기독교 문화권인 유럽에서는 사과가 그런 과일이었다. 그런 의미에서 인도를 비롯한 서남아, 그리고 힌두교와 불교 문화권에서 성스럽게 여겼던 과일이 바로 망고이다.

서남아시아에서는 망고가 성스럽고 특별한 과일이었다. 망고가 얼마나 특별한 과일이었는지는 망고에 붙어있는 별칭에서도 알 수 있다. 망고는 깨달음의 과일, 지혜의 열매, 사랑의 과일, 화합의 열매였다. 그래서 특별한 날에 주고받는 선물의 과일이었으며, 과일의 왕으로 불렸다.

망고에 깨달음이니 지혜니 등등의 대단한 수식어가 붙은 데는 나름의 배경이 있다. 먼저 망고를 깨달음의 과일, 지혜의 열매라고 하는 이유는 석가모니 부처가 고행 끝에 망고나무 아래서 깨달음을 얻었기 때문이다.

보리수나무가 따로 있는데 뜬금없이 망고가 거기서 왜 나오냐고 반문할 수 있겠지만, 그것은 망고를 알지 못했던 옛날 동북아시아에 해당되는 이야기다. 망고나무가 풍부한 서남아시아에서는 석가모니가 망고나무 아래에서 깨달음을 얻었다고 말한다.

사실 보리수라는 나무 이름 자체도 우리나라에서 말하는 뽕나무과에 속하는 특정 나무의 이름이 아니라 '깨달음을 얻는 나무'라는 뜻이다. 보리수(菩提樹)의 보리(菩提)는 깨달음Bodhi을 뜻하는 산스크리트어를 한자로 번역한 것이기 때문이다.

그러니 깨달음을 얻는 나무는 모두 보리수가 된다. 망고나무가 없는 우리나라를 비롯한 동북아에서는 그 나무를 뽕나무과에 속하는 보리수나무로 보았던 것이고, 서남아에서는 그 나무를 망고나무 혹은 지혜의

❖ 지금도 인도 곳곳에서 볼 수 있는 망고나무 가로수길 풍경

나무라는 반얀 트리로 보았다.

그렇기에 서남아의 수많은 불교 설화에서는 망고가 기적의 열매로 나온다. 부처가 망고 하나를 먹고 그 씨앗을 땅에 버렸더니 순식간에 씨앗에서 새싹이 돋아 나무로 자랐고 열매가 주렁주렁 열리면서 그늘을 만들어 쉼터를 제공했다는 이야기 등등 다양한 설화가 있다.

인도를 비롯한 서남아에서 망고가 그만큼 특별한 과일이었기 때문에 이런 설화들이 생겨났을 테지만, 사실 설화뿐만이 아니다. 역사적으로도 망고는 서남아에서 특별한 과일이었다.

기원전 3세기 고대 인도에서 아쇼카왕의 업적을 기록한 기둥에도 망고에 대한 이야기가 나온다. 반얀 트리와 망고나무로 숲을 조성하고 휴식할 집과 우물을 만들었으며 도로를 따라 약 800m 간격으로 나무를 심어 그늘을 제공했다는 내용이다. 보통 가로수는 16세기 프랑스에서 처음 조성됐고 이어 네덜란드, 영국의 순으로 퍼졌다고 하는데, 이 기록에 의하면 기원전 3세기 고대 인도에서 이미 망고나무 가로수길을 조성됐음을 알 수 있다. 망고나무가 최초의 가로수였던 셈이다.

종교적으로 망고가 깨달음을 얻는 성스러운 과일, 뙤약볕 아래에서 그늘을 만들어 쉼터를 제공하는 휴식의 과일이기에 사랑받았다면, 세속적으로 망고는 그 맛과 향 때문에 최고 권력자인 황제로부터 깊은 사랑을 받았다. 특히 인도 무굴제국의 황제들로부터 넘치는 사랑을 받았고, 그 덕분에 망고가 널리 보급되면서 다양한 망고 품종이 생겨났다.

망고를 사랑한 첫 번째 무굴제국 황제는 16세기 초 우즈베키스탄 출신으로 인도로 쳐들어가 무굴왕조를 열고 황제가 된 바부르였다. 인도를 공격하기 전, 현지 인사가 인도에는 달콤하고 맛있는 과일이 무진장으로 있으니 인도를 점령해 그 과일을 차지하라고 부추겼다. 그러자 바부르가 지금 내가 있는 왕국에도 시원하고 달콤한 수박이 있는데 세상에 이보다 더 맛있는 여름 과일은 없다며 코웃음을 쳤다. 하지만 인도를 점령해 그 과일을 맛보고는 곧 사랑에 빠졌으니 그게 바로 망고였다.

무굴제국 제3대 황제인 16세기 후반의 아크바르황제도 망고를 무지 무지 사랑했던 왕이었다. 망고를 너무나 좋아했기에 10만 그루의 대규모 망고나무 숲을 조성했고 대대적으로 망고 품종을 개량했다. 이후 역대 무굴 황제들이 황실 소유의 망고나무 숲을 소유했다고 한다.

무굴제국 전성기를 연 황제로 사랑하는 왕비를 위해 아름다운 타지마할 궁전을 건축한 샤 자한이 사랑한 과일 역시 망고였다. 샤 자한은 망고를 활력*vitality*을 제공해주는 과일로 여겨 다양한 망고 디저트를 만들어 즐겼다고 한다.

이렇게 인도에서 망고는 대중적 사랑과 함께 최고 권력자와 최고 종교 지도자의 사랑을 동시에 받았던 특별한 과일이었다. 그렇기에 인도를 비롯한 파키스탄, 방글라데시 등 서남아 국가에서는 망고를 국민과일로 여긴다. 동시에 결혼식을 비롯한 특별한 날에 축복의 의미로 망고와 망고꽃으로 장식을 하고 호의의 표시로 망고를 선물한다고 한다. 파키스탄 외교사절이 1968년 중국을 방문했을 때 망고를 선물한 것도 이런 이유에서였다. 이때 앞서 언급한 것처럼, 모택동 주석이 망고를 사상 선전대원들에게 선물로 보내면서 중국 내 망고의 위상이 달라졌다. 눈물을 흘리며 감격한 사상대원들은 망고를 통해 모택동 주석의 은혜를 널리 전파

.:. (위) '모택동 주석이 사상 선전대원들에게 준 귀중한 선물'이라는 내용의 선전 포스터

.:. (아래)망고 한 접시를 들고 있는 노동자 행렬을 그린 1969년 문화대혁명 선전 포스터

해야 한다고 선전했고, 이후 망고가 모택동 우상화의 도구가 되면서 기상천외한 망고 숭배 운동이 벌어졌던 것이다.

편지를 잘못 읽어
달라진 이름

대부분 과일 이름에는 스토리가 있건 없건 나름의 특별한 의미가 담겨 있지만 싱겁게도 망고는 그냥 망고나무의 열매라는 뜻이다. 정확하게는 망*man* 나무에서 열리는 열매가 망고다. 말레이 언어로 고*go*가 열매*fruit*라는 뜻이기 때문이다.

그러니 망고라는 이름 자체의 의미만 놓고 보면 밍밍해 보이지만, 내용을 알고 보면 그렇게 싱거운 것만도 아니다. 망고가 세계로 전해지는 경로와 역사가 녹아있기 때문이다.

먼저 망고의 어원으로 보는 망고의 역사다. 망고는 원산지를 히말라야산맥의 동부 지역, 그러니까 지금의 인도 북동부와 방글라데시, 그리고 미얀마 지역으로 본다. 망고는 지금으로부터 약 5,000년 전의 먼 옛날부터 사람들이 먹었던 열매로, 고대 인도어인 산스크리트어에서는 망고를 암라 팔람이라고 불렀다. 암라*aamra*는 망고나무의 이름, 그리고 팔람*phalam*은 열매라는 뜻이다.

세월이 흐르면서 망고나무가 인도 북부에서 중부로 퍼졌다. 망고를 부르는 이름도 고대 산스크리트어에서 인도 중부 언어인 힌디어 암팔*aam phal*로 바뀌었다. 그리고 다시 인도 남부지방까지 전해졌는데 남부 인도의 언어인 타밀어에서는 암 카이*aam khay*로 부르다가 이후 발음이 변하면서 맘카이*maam khay* 혹은 망가이*maan gai*가 됐다.

이후 망고가 서남아시아에서 동남아시아로 퍼졌다. 망고는 타밀어를 사용하는 부족이 퍼트렸다고 한다. 이들이 동남아로 망고를 전하면서 언어학적으로 타밀어와 뿌리가 같은 말레이어에서는 만카이 혹은 망가이 대신에 망가*maanga*라고 불렀다. 이게 바로 지금 세계적으로 널리 쓰이는 이름인 망고의 직접적인 어원이 되는 이름이다. 포르투갈 상인들이 망가라는 이름으로 유럽에 전했기 때문이다.

1498년 무렵 포르투갈 상인이 인도 캘커타에 도착했다. 향신료를 수입하기 위해 온 이들은 현지에서 새로운 과일을 발견했다. 유럽에는 없는 낯선 열매를 가져가면 큰돈이 될 수도 있는 시대였기에 포르투갈 상인은 영국인 친구에게 편지를 썼다.

현지인들이 망가*manga*라고 부르는, 지금까지 듣지도 보지도 못한 새로운 과일을 찾았다는 내용이었다. 15세기 말이었으니 당연히 타이핑이 아닌 직접 쓴 손 편지였다. 그런데 포르투갈 상인이 악필이었는지, 아니면 원래 필기체의 알파벳 o와 a가 구분하기 쉽지 않았기 때문인지, 편지를 받은 영국인 친구가 망가*manga*를 망고*mango*로 읽었다. 이렇게 혼동한 데는 또 다른 이유도 있었으니 당시 포르투갈을 통해 전해진 이국의 식물들은 대부분 어미가 남성명사인 o로 끝났기 때문이었다고 한다. 실제로 토마토, 아보카도, 포테이토, 타바코 등이 모두 어미가 o로 끝난다. 현지에서 망가라고 부르는 과일 이름이 영어에서 망고가 된 까닭이다.

참고로 한국에서 주로 먹는 애플 망고는 한국과 일본에서만 부르는 이름이다. 색깔이 여느 망고와 다르게 사과처럼 붉은색이어서 생긴 이름으로, 일본식 작명을 그대로 따른 결과다. 애플 망고의 정식 이름은 어윈 *Irwin* 망고다. 1939년 미국 플로리다에서 개발한 품종으로 어윈 농장에서 개발했기 때문에 지어진 이름이다. 망고는 이 세상에 약 1,000개 이상의 품종이 있다고 하는데 애플 망고도 그중 하나이다. 그래서 망고 이름 중에는 품종개량에 성공한 사람의 이름을 따서 지어진 이름들이 적지 않다고 한다.

고
대
의
포
도
는
국
부
의
원
천

고대 중국을 사로잡은

고급 과일의 위상

옛날에는 포도가 단순한 과일이 아니었다. 동서양에 따라 차이는 있었지만 어쨌든 과일 이상의 의미가 있었다. 무엇보다 고대 서양에서 포도는 국부의 원천이었다. 따지고 보면 메소포타미아에서 서양 문명이 시작된 이후 로마시대에 이르기까지 지중해를 둘러싸고 펼쳐진 고대 서양세계에서는 포도밭을 차지한 나라가 그 지역의 패권국가가 됐다. 히타이트

제국에서부터 이집트, 그리스, 로마로 이어지는 제국들이다.

동양에서 포도는 머나먼 서역에서 전해진 귀물(貴物)이었다. 그래서 포도가 자라는 땅을 부러워했고, 포도로 담은 포도주를 갖고 있으면 부자로 대접 받았으며, 포도 자체는 출세를 위한 뇌물로 쓰였다. 그만큼 고대에 포도의 위상은 지금과는 달랐다. 쓰임새가 그만큼 특별했기 때문이다.

먼저 동양의 포도다. 포도의 원산지는 지금의 흑해 부근 코카서스 지방과 터키 일대인 소아시아, 미노르 지역이다. 이곳에서 서쪽으로는 순차적으로 이집트, 그리스, 로마 그리고 유럽으로 퍼졌고 동쪽으로는 서역인 중앙아시아를 거쳐 중국, 한국, 일본으로 전해졌다. 중국 문헌에 포도가 처음 보이는 것도 한 무제 때 사마천이 쓴 『사기』와 한나라 역사서인 『한서』 등에서이다.

『사기』 「대완열전」에 대완(大宛)은 한나라 서쪽에 있는데 밭에는 밀이 있고 포도가 자라며 좋은 말이 많으니 한혈마, 천리마라고 했다. 안식국에 대한 설명에서도 안식은 대월씨국에서 천리 떨어져 있는데 밀을 경작하고 포도주가 있다고 적었다. 밭에서 밀이나 포도가 자라는 게 뭐가 그리 대단한가 싶지만 2,200년 전이라면 이야기가 달라진다.

이때의 중국은 아직 쌀이나 밀이 전해지기 이전이다. 그렇기에 상류층도 기장이나 귀리, 수수 등의 잡곡을 먹었고 밀은 황제를 비롯한 최고 위층이 특별한 날, 제물로 바치고 난 후 먹는 곡식이었다. 포도 역시 마찬가지다. 이때의 포도는 곡식으로 빚는 술보다 더 질 좋은 포도주를 빚는 원료인 데다 술은 제물로 쓰거나 권력층의 연회 음식에 쓰이는 고부가가치 음료였다.

그러니 밭에서 밀이나 포도가 자란다는 것은 곧 들판에 황금이 널려 있다는 말에 다름 아니었으니, 이른바 황금이 넘치는 땅, 엘도라도였던 것이다. 사마천이 『사기』에, 반고가 『한서』에 천리마와 함께 밀과 포도가 많다고 애써 기록으로 남긴 이유다.

그런 만큼 「대완열전」에는 포도 및 포도주에 관한 감탄이 계속 이어진다. "완나라와 그 주변에서는 포도로 술을 빚는데 부자들은 만석을 저장하며 수십 년 동안 보관해도 상하지 않는다. 사람들은 그 술을 마시고 말은 포도의 이파리를 먹는다."

『한서』 「서역전」에도 서역에서는 포도주로 연못을 만들고 고기로 숲을 쌓아 사해의 손님을 대접한다고 했고, 『태평어람』에는 4세기 말 서역 사람들(胡人)은 사치가 극에 달해서 부자들은 집에 포도주를 천 말씩 보관하는데 10년이 지나도 부패하지 않는다며 경탄을 금치 못했다.

고대에는 술이 귀했다. 사람 먹기에도 부족한 곡식을 발효시켜야 만들 수 있는데 이렇게 힘들게 얻는 술도 자칫 잘못 보관하면 쉬어 상하기 일쑤였다. 그런데 포도로는 곡식보다도 많은 양의 포도주를 얻을 수 있을 뿐 아니라 10년이 지나도 쉬지 않고 맛이 더 좋아졌다. 그렇기에 포도가 퍼지기 전의 고대 중국에서 포도주는 값비싼 보물과도 같았고, 포도주를 천석, 만석 쌓아놓고 마시는 서역을 선망의 눈으로 봐라봤던 것이다.

포도가 귀했던 시기는 꽤 오랫동안 이어졌다. 포도가 처음 전해진 기원전 2세기부터 실크로드가 활짝 열린 8~9세기 당나라 때까지, 포도는 약 1,000년 동안 귀족도 마음껏 먹지 못한 사치스런 과일이었다.

당 고조 이연의 신하 중에 진숙달이라는 인물이 있었다. 고조가 포도를 하사했는데 먹지를 않았다. 까닭을 묻자 어머니가 조갈증이 있어 포도를 구하려 했지만 구할 수 없으니 이 포도를 어머니께 드리려 한다고 대답했다. 이 말을 듣고 황제가 감동해 큰 선물을 내렸다는 이야기가 『태평어람』에 나온다. 당이 망한 후 들어선 후한의 장수, 맹타가 포도주 한 말을 바치고 양주 자사의 벼슬을 얻었다는 기록도 있다. 10세기 무렵이니 이때까지도 중국에서 포도와 포도주가 뇌물로 쓰였던 셈이다.

포도 먹고 병을 치료한
조선의 왕들

포도가 귀한 것은 우리도 예외가 아니었다. 산포도라고 불린 머루는 예로부터 한반도에 자생했지만, 외래 과일인 포도는 구하기가 쉽지 않았기에 보물 취급을 받았다.

한반도의 포도 전래 시기는 확실치 않은데 문헌에서 확인할 수 있는 것은 14세기 후반인 고려 말이다. 목은 이색의 시에 "새로 심은 포도 넝쿨이 두어 자 자랐다"고 읊은 구절이 있고, 「수정포도를 읊다」라는 제목의 시에서는 "두어 송이 주렁주렁 수정이 매달렸다"고 노래했다.

이보다 약 150년 전인 13세기 초, 고려 시인 이규보의 글에도 포도가 보이기는 한다. 먹으로 대나무를 그렸는데 솜씨가 부끄러워 포도나무 가지(葡萄朶)로 지었다는 내용이다. 다만 진짜 포도를 재배해 그 가지를 사용한 것인지 혹은 그저 시적 표현에 불과한 것인지는 분명치 않다.

포도 재배의 시기는 정확히 알 수 없지만 포도주는 13세기 후반에 고려에 전해졌다. 『고려사』에 충렬왕 11년(1285년) 원나라 황제가 포도주를 보냈다는 기록을 포함해, 충렬왕 연간에 모두 여섯 차례 포도주가 원에서 전해졌다. 하지만 많은 양이 아니라 한 번에 2통(甕) 정도였으니 세계를 정복한 원나라에서도 쉽게 마실 수 있는 술은 아니었던 것 같다.

이런 포도였기에 조선 초에는 임금도 포도 먹기가 쉽지 않았다. 『조선왕조실록』 태조 7년(1398년) 음력 9월 1일의 기록에는 태조가 오랫동안 병이 낫지 않아 수정포도가 먹고 싶다고 하자, 왕자들이 널리 포도를 구했는데 한 신하가 포도 대신 서리 맞아 반쯤 익은 산포도(머루) 한 바구니를 바치니 임금이 크게 기뻐했다는 기록이 보인다. 이어 이틀 후 기록에는 산포도를 바친 신하에게 쌀 열 가마를 하사했다는 기록과 함께 태조가 목이 마를 때마다 한두 알을 맛보니 이로 인해 병이 회복됐다는 내용이 보인다.

꿩 대신 닭으로 먹은 산포도였지만 포도가 소갈병(당뇨병)으로 당이 떨어

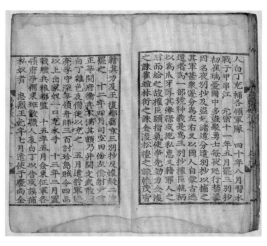

♣ 포도 전래의 기록을 담은 『고려사』

졌을 때 이를 보충하는 약으로 쓰였음을 알 수 있고, 또한 포상금 성격이 강하지만 쌀 열 가마를 받았으니 포도의 값어치가 엄청났음을 미루어 짐작할 수 있다.

이밖에도 『성종실록』에는 세종이 어렵게 수정포도를 구해 소갈병을 치료한 이야기가, 『연산군일기』에는 신하들에게 마유포도를 하사했다는 내용이, 『정조실록』에는 청나라에서 마유포도와 서양의 쇄쇄포도를 보내와 신하들에게 나누어 주었다는 기록이 있으니, 조선 후기까지도 포도는 우리나라에서 흔한 과일은 아니었던 듯싶다.

참고로 조선시대 기록에는 여러 포도 종류가 보이는데 수정(水晶)포도는 포도 알이 수정처럼 맑고 하얗기에 생긴 이름이라니 아마 청포도 종류가 아닐까 짐작된다. 마유(馬乳)포도는 알이 말 젖처럼 긴 모양을 뜻하고, 서양 품종이라는 쇄쇄(瑣瑣)포도는 작은 포도 알이 송이송이 달린 품종이라고 한다.

포 도 밭,
로 마 제 국 의 핵 심 산 업

그렇다면 고대 서양인에게 포도는 어떤 과일이었을까? 로마시대 이후 서양은 포도를 동양처럼 그렇게 애지중지 하지는 않았다. 포도가 흔해졌기 때문이다. 누구나 포도를 먹고 와인을 마실 수 있을 만큼 지중해 세계에 그리고 유럽에 널리 퍼졌다. 그 전파의 주역은 기원전 2세기에서 서기 3세기까지의 로마제국이었다.

로마시대에 포도가 흔했다고 해서 서양에서 포도가 갖는 의미를 과소평가해서는 곤란하다. 고급 과일로 포도 알 하나하나를 소중히 여겼던 동양과 달리 서양에서 포도는 생활필수품이었고, 그런 만큼 포도를 재배하는 포도밭과 포도 관련 제조업은 국가 기간산업이었기 때문이다.

포도는 와인을 만드는 원료이고, 와인은 술이 아닌 물과 혼합해 마시는, 현대의 생수 같은 음료였다. 게다가 와인 제조 후 남은 찌꺼기로는 도로 포장재, 페인트와 같은 도장재 등을 만들었다. 그렇기에 포도밭은 곧 국가경제였고 포도 재배지역을 차지했다는 것은 당시 세계의 패권을 차지했다는 이야기가 된다. 로마제국이 바로 그런 나라였다.

서양 역사에서 포도가 중요한 이유는 바로 와인 때문이다. 서양 술은 예나 지금이나 와인과 맥주가 대표적이다. 다만 고대 메소포타미아와 이집트에서는 계층에 따라 마시는 술이 달랐으니 맥주는 평민, 와인은 귀족의 술이었다. 와인이 맥주보다 고급인 이유는 일단 포도는 밀이나 보리에 비해 재배지역이 제한된다. 또 곡식을 저장했다가 필요하면 술을 빚을 수 있는 맥주

❖ 포도 수화을 묘사한 고대 로마제국의 모자이크

와 달리 와인은 포도 수확 철에 단 한 차례 빚는다. 그만큼 희소가치가 높다. 고대의 술은 부가가치가 높은 상품이었기에 그중에서도 값비싼 술인 와인 제조능력을 갖췄다는 것은 핵심 기술을 확보해 산업을 발전시켰다는 의미가 된다.

실제로 포도와 와인 양조기술의 전파 경로를 살펴보면 이런 연관성을 느낄 수 있다. 고대 문명의 발상지인 메소포타미아에서 시작된 와인 문화는 뒤이어 발달한 이집트 문명에 전해진다. 다음에는 쇠퇴한 이집트를 식민지로 삼은 그리스가 와인 문화를 전수받아 남부 이탈리아에 퍼트렸고, 비슷한 시기에 지중해 무역을 장악한 페니키아인들의 카르타고를 통해 시칠리아와 스페인, 북아프리카 등 지중해 곳곳으로 퍼졌다.

이런 상황에서 로마제국이 포에니 전쟁에서 카르타고를 물리친 것은 숙적 한니발 장군을 굴복시켰다는 군사적 승리 이상의 의미가 있었다. 로마제국이 페니키아 상인으로부터 지중해의 무역권을 넘겨받아 경제적 부를 쌓을 수 있었기 때문이다. 와인으로 국한시켜 봐도 지중해 일대의 포도 재배지역이 로마제국의 손에 들어왔음은 물론, 당시 최첨단 기술인 와인 양조기술을 확보했다는 의미가 있다.

카르타고를 멸망시킨 로마는 재기가 불가능하게 도시 전체를 갈아엎고 소금을 뿌려 황무지로 만들어 버렸다. 다만 당시 세계 최고 수준이었던 포도 재배법과 양조 기술 등 카르타고의 농업기술은 철저하게 흡수했다. 특히 최고의 농업학자로 이름을 날린 마고*Mago*의 농업 관련 저서 28권을 로마로 가져와 라틴어 및 그리스어로 번역해 도서관에 비치했다. 마고가 남긴 책 중에는 포도농장의 생산성을 높이는 법, 포도나무 키우는 법, 포도나무 전지법 등 포도 재배에 관한 내용이 많아 이 무렵 포도 재배와 와인 양조를 얼마나 중요시했는지를 짐작할 수 있다. 이렇게 로마제국이 지중해의 패권을 차지하게 되면서 로마에서는 와인 황금시대가 열리기 시작했다.

폼페이 최후의 날 이후
벌어진 포도 파동

로마에서 와인은 단순히 쾌락을 위해 마시는 기호식품이 아니었다. 앞서 언급한 것처럼 당시 사람들은 와인에 물을 타서 생수처럼 마셨다. 일종의 정화제 내지는 정수기였던 셈이다.

　로마인이 물 대신 와인을 마신 이유로 일단 식수 오염을 꼽는다. 지금도 마찬가지지만 유럽의 물은 석회질이 많아 그대로 마시기에 부적합하다. 유럽에서 생수와 탄산수가 발달한 이유다. 게다가 로마시대에는 하수시설이 제대로 갖춰지지 않아 식수의 상당 부분이 오염됐다. 일반적으로 로마제국은 곳곳에 수로를 건설하는 등 상수도 시설이 발달한 것으로 유명하지만, 이 물은 주로 목욕탕, 세탁용으로 공급됐을 뿐 식수는 아니었다. 이런저런 이유로 와인에 물을 타 식수로 마셨으니 포도는 단순한 과일이 아니라 중요한 생필품이었던 것이다.

　와인과 포도가 로마제국 경제에서 얼마나 중요한 비중을 차지했는지는 폼페이가 화산폭발로 파묻히게 됐을 때의 상황에서 짐작할 수 있다.

∴ 폼페이에서 발굴된 프레스코 벽화. 포도를 든 술의 신 박카스를 묘사하고 있다.

서기 79년 8월 24일 나폴리 남쪽 베수비오 화산이 폭발하면서 쏟아져 내린 화산재가 폼페이를 덮쳤다. 약 2,000명의 시민이 목숨을 잃었고 로마 상류층의 휴양지이며 농업과 상업 중심지였던 폼페이가 순식간에 사라졌다. 우리에게도 잘 알려진 폼페이 최후의 날이다.

그 결과 폼페이 인근 나폴리에서 약 220km 떨어진 로마 시민들이 패닉에 빠졌다. 폼페이 주민의 죽음이나 화산폭발에 대한 공포 때문이 아니었다. 와인이 부족해졌기 때문이다. 와인 값이 폭등했고 로마 시내에서 와인 사재기가 벌어졌다. 당시 폼페이는 로마의 배후 산업도시로, 와인 공급 기지 중 하나이자 와인용 포도의 중요 재배 지역이었다. 그래서 술의 신, 박카스를 도시의 신으로 받들었을 정도다.

이런 폼페이가 눈 깜짝할 사이 화산재에 파묻히면서 와인 저장고는 물론 주변 포도밭까지 사라졌으니 와인 값이 폭등하고 로마시민이 공황에 빠졌던 것이다. 이후 로마는 제국 전체로 포도 재배를 확대하면서 와인 확보에 나섰는데, 이 과정에서 포도 파동이 다시금 일어난다.

먼저 폼페이가 화산재에 묻히면서 로마와 이탈리아 각지에서는 폼페이에서 공급하던 와인을 대체하기 위해 앞다투어 포도를 심기 시작했다. 급기야는 곡식을 재배하던 농장에서 밭을 갈아엎고 포도를 심었으니 그 후유증이 만만치 않았다. 세월이 흘러 포도를 수확할 무렵이 되자 포도 공급 과잉으로 와인 값이 폭락했다. 1세기 후반 로마의 풍자시인 마르티알리스는 한 시에서 와인이 물보다 더 싸졌다고 언급했을 정도다. 반면 경작지가 포도밭으로 바뀌는 바람에 곡식 값은 폭등하는 곡물 파동이 일어났다.

그리하여 서기 92년, 급기야 당시 황제였던 도미티아누스가 포도 재배를 억제하는 칙령을 발표했다. 로마를 비롯해 이탈리아 반도와 일부 속주, 그리고 지금의 터키 일대인 소아시아 지방에서는 새로운 포도밭을 만들지 못한다는 것과 일부 속주에서는 기존에 심어놓은 포도나무의 절반을 뽑아 버리라는 칙령이었다.

약 13년 전의 폼페이 최후의 날 이후 로마제국에서 얼마나 광범위하게 포도 재배가 이뤄졌는지, 그로 인한 곡물생산 감소 등의 후유증이 얼마나 심각했는지를 알 수 있는 대목이다. 도미티아누스 칙령이 적극적으로 집행된 것 같지는 않지만 어쨌든 이 칙령은 유럽 전체에 포도밭이 확장되는 결과를 낳았다. 칙령에서 제한한 범위 바깥인 지금의 스페인인 히스파니아와 갈리아 남부인 프랑스 보르도 지방 등으로 오히려 포도밭이 확장됐기 때문이다.

도미티아누스 칙령은 서기 280년까지 188년 동안 지속되다가 로마제국 41대 황제인 프로부스 황제에 의해 폐기된다. 프로부스 황제는 유럽에 포도 재배를 늘리는 데 크게 기여한 인물이다. 로마제국을 괴롭히던 게르만 부족 토벌에 앞장섰던 이 황제는 그 과정에서 갈리아 북부와 라인강 유역의 게르마니아, 그리고 다뉴브강 일대로까지 포도밭을 확장했다. 지금 유럽의 포도 재배 북방 한계선이다.

프로부스 황제가 적극적으로 포도밭 확대에 나선 이유는 일종의 농지 개척을 통해 로마군단과 이주민에 대한 일자리 창출을 위함이었다. 그리고 또 다른 한편으로는 야만인에게 문명화된 음료인 와인을 제공함으로써 그리스 로마의 문명세계로 이끌려는 목적도 있었다고 한다. 이렇듯 고대 서양에서 포도는 단순한 과일 이상이었고, 가장 중요한 산업의 근간이었다.

다래가 키위로 둔갑한 사연

냉전시대가

바꾼 이름

많은 사람들이 키위를 뉴질랜드 과일로 알고 있다. 일단 키위라는 이름도 그렇고 최대 생산국도 뉴질랜드이다 보니, 그 연장선에서 원산지 또한 뉴질랜드일 것으로 지레 짐작한다. 하지만 키위의 원산지는 아시아다. 중국에서 종자를 가져와 뉴질랜드에서 재배해 세계로 퍼트렸지만 원래는 아시아 과일이었다. 우리나라 토종 다래와 비슷한 종류다.

그런데 왜 엉뚱하게 키위라는 뉴질랜드 이름을 얻게 됐을까? 키위는 원래 우리나라를 포함해 중국 등 아시아의 산간 지역에서 저절로 자라는 야생 과일이었다. 중국에서는 미후도라고 불렀다. 미후(獼猴)는 원숭이를 일컫는 한자다. 도(桃)는 복숭아이지만 동양에서는 특별히 따로 이름이 없을 때는 복숭아 도자를 붙여서 이름 지었다. 그러니까 미후도는 원숭이 복숭아, 즉 원숭이가 즐겨 먹는 열매라는 뜻이다. 명나라 의학서 『본초강목』에서도 미후도라는 이름의 유래를 그렇게 설명한다. 지금의 중국 광동과 복건, 대만 등지에 사는 남방계 민족(閩人)은 양도(陽桃)라고도 부른다고 했다. 양지바른 따뜻한 곳에서 자라는 열매라는 뜻이다.

키위는 이름이 많았다. 우리말에서는 다래라고 했고, 등나무처럼 자라는 배 닮은 과일이라는 뜻에서 등리(藤梨)라고도 했다. 연도(輭桃)라고도 했는데 연(輭)은 부드럽다(軟)는 뜻이니 지금의 키위처럼 속이 말랑말랑한 열매라는 뜻이다. 이렇듯 꽤 다양한 이름으로 불린 것을 보면 광범위한 지역에서 폭넓게 자랐던 열매였을 것으로 짐작된다.

아시아의 여러 지역에서 자라던 다래가 뉴질랜드로 건너간 것은 1906년이다. 뉴질랜드 왕가누이 여대의 학장이었던 메리 프레이저 여사*Mary Isabel Fraser*가 후베이성 이창에 왔을 때, 그녀는 뉴질랜드에서 보지 못했던 낯선 열매인 다래를 보고는 신기해했다. 이에 귀국할 때 종자를 얻어 학교 부근의 농가에 전해 심게 했고, 이로부터 4년 후 다래가 뉴질랜드에서 처음으로 열매를 맺었다.

중국에서 전해진 키위가 처음부터 맛있는 과일로 인기를 얻었던 것은 아니지만 그래도 꽤 많이 퍼지기는 했던 모양이다. 뉴질랜드 현지에서는

이 과일을 중국 이름 그대로인 부르거나 중국에서 온 구스베리 닮은 과일이라는 뜻에서 차이니즈 구스베리라고 불렀다. 그러면서 낯설고 새로운 과일의 인기가 점차 높아졌는지 재배를 점차 늘려갔는데 때마침 이때 제2차 세계대전이 일어나게 된다.

전쟁 발발과 함께 뉴질랜드 육군에서는 차이니즈 구스베리 농장을 징발

❖ 중국의 키위 씨앗을 뉴질랜드에 가져간
메리 이사벨 프레이저

했고, 농장 주변에 미군이 주둔하게 됐다. 미군들은 고향에서 먹어보지 못한 새로운 과일 맛에 푹 빠졌다. 전쟁이 끝난 후 귀국한 후에도 뉴질랜드의 새콤달콤한 과일을 찾기 시작했고, 미국과 영국에서 시장이 생기자 뉴질랜드 농장에서는 차이니즈 구스베리를 본격적으로 수출하기 시작한다. 이때가 한국에서 6.25전쟁이 한창이었던 1952년 무렵으로, 미국과 영국이 한반도에서 중공군과 치열한 전투를 벌이던 때였기에 중국에 대한 감정이 좋지 않았다. 게다가 전쟁이 끝난 후에도 민주 진영과 공산 진영이 대립하는 냉전이 시작됐다. 중국에 대한 미국인의 반감이 점점 높아질 수밖에 없었다.

반대로 이 무렵 미국에서는 차이니즈 구스베리의 인기가 점점 높아졌다. 그러다 보니 과일 이름이 문제가 됐다. 적은 양을 수입할 때는 괜찮았지만, 슈퍼마켓에서 다량의 차이니즈 구스베리가 팔리면서 중국에서 들여온 과일로 인식됐기 때문이다.

그러자 샌프란시스코의 미국 과일 수입업자가 냉전시대의 정치적 이미지를 떠올리게 만드는 차이니즈 구스베리라는 이름을 바꾸자고 제안했다. 중국과 관련 있는 과일이라는 느낌을 지우기 위해서였다. 결국 과일 이름을 바꾸기로 했는데, 처음에는 작고 맛있는 멜론이라는 뜻에서 '멜로네트'라고 작명을 한 후 국제 과일시장에 선을 보였다. 그런데 문제가 생겼다. 미국 정부기관 쪽에서 새로운 이름에 이의를 제기하며 하루속히 이름을 바꿀 것을 요구했다. 멜로네트로 수입하려면 세금을 올려야 한다는 이유였는데, 당시 미국에서 멜론 종류의 과일은 관세가 다른 과일에 비해 높았기 때문이다.

높은 관세를 피하려면 멜론과 연관이 있는 이름은 피해야 했다. 게다가 정부 기관 측은 이왕이면 과일을 대량 재배하는 원산지인 뉴질랜드의 특성을 강조하는 이름으로 작명해줄 것을 희망했다.

그래서 나온 이름이 키위*Kiwi fruit*이다. 뉴질랜드를 상징하는 키위 새처럼 뉴질랜드를 대표하는 과일이라는 뜻이다. 뿐만 아니라 키위는 뉴질랜드 원주민인 마오리족의 언어였기 때문에 신선한 나라, 뉴질랜드의 이미지를 강조하는데 안성맞춤이었다. 우리 과일 다래, 중국 과일 미후도가 차이니즈 구스베리에서 영어 키위로 바뀌게 된 사연이다. 냉전에 따른 대립이 과일 이름에까지 영향을 주었던 것이다.

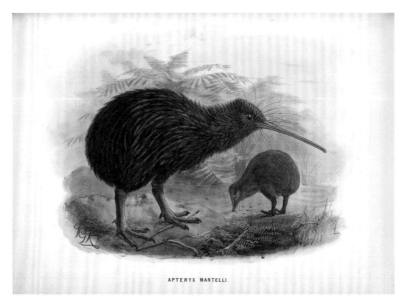

∴ 뉴질랜드의 대표적인 상징 중 하나인 키위새. 1873년 출판물 삽화

잊혀진 과일
다래 이야기

키위의 모체가 된 토종 다래는 한국인에게 거의 잊혀진 과일이다. "머루
랑 다래랑 먹고 청산에 살어리랏다"로 시작되는 교과서 속 고려가요와
이름으로만 기억될 뿐, 먹어보기는커녕 실물을 본 사람조차도 드물다.
나이 든 어른 중에나 간혹 어렸을 적에 산딸기나 머루처럼 다래를 따먹
은 적이 있다고 기억할 뿐이다.

어쨌든 현대를 사는 우리들한테 다래는 제대로 된 과일이 아니지만,
옛날에는 다래가 우리가 생각하는 것, 그 이상이었다. 시골 아이들이 놀

다가 심심풀이로 따먹는 산과 들의 열매 정도가 아니라, 처음 수입 과일로 들어온 키위 이상으로 귀하게 대접 받는 과일이었다. 오히려 임금의 입맛을 자극하고 귀한 손님을 대접할 때 내놓는 과일이었으며 몸이 불편할 때 기력을 회복하려고 먹는 그런 열매였다. 고려와 조선시대 문헌에 다래가 얼마나 사랑 받는 과일이었는지가 나오며, 꽤 오래 전부터 각종 문집과 역사서 곳곳에서 거론됐다.

개성에 다래라는 이름의 우물, 다래정(旭艾井)이 있었다고 한다. 그런데 고려 신종 때 최충헌이 내시 민식을 축출하면서, 세속에서 왕이 다래 우물의 물을 마시면 내시들이 득세한다고 하여 다래 우물을 아예 허물어 버렸다고 한다.

조선 후기가 시작될 무렵인 인조 때의 장유는 『계곡집』에 다래를 소재로 시를 한 수 남겼다.

"선반 위로 넝쿨 올라간 지 몇 년도 안 된 새에 / 푸른 열매가 벌써 주렁주렁 달렸네 / 한입 깨무니 차고 달콤한 맛 병든 폐도 소생할 듯 / 신선에게 물어 따로 반도 복숭아 구할 필요가 있을까."

다래를 신선이 사는 세계에서 3,000년에 한 번씩 열린다는, 그래서 손오공이 훔쳐 먹었다가 원숭이가 돼 인간세계로 쫓겨났다는 반도(蟠桃) 복숭아와 비교한 것인데, 망가진 폐가 나을 정도로 약효가 있는 과일로 여겼다.

명나라 때 의학서인 『본초강목』에도 다래에 대한 설명이 자세히 나온다. 형체는 배를 닮았고 색깔은 복숭아와 비슷하며 맛은 시고 달고 차가워 갈증을 풀고 열을 내려준다고 했다.

그래서인지 조선 최고의 폭군 연산군도 다래를 꽤나 좋아했던 모양이다. 세상의 진귀한 음식이라면 사족을 쓰지 못하고 탐닉했던 연산군이었기에 다래에 대해서도 가지와 덩굴이 달린 채로 올려 보내라고 명했다고 한다. 이에 『연산군일기』에는 먼 지방의 진기한 음식을 구하는 것이 끝이 없으니 각 고을에서 명을 받들 수가 없었다는 기록이 보인다.

임금이 이렇게 다래를 좋아하다 보니 아래에서는 다래 구하느라 꽤 애를 먹었다. 『승정원일기』 인조 3년의 기록에도 강원도에서 올려 보내는 다래 정과가 항아리에 다 차지 않았으니 담당 관리를 문책해야 한다는 상소가 올라왔을 정도다.

이는 수정과 때문이었다. 지금은 수정과를 대부분 곶감으로 만들지만 예전에는 곶감뿐만 아니라 유자와 다래로도 만들었다. 아무리 그래

*『연산군일기』에는 가지와 덩굴이 달린 채로 다래를 진상하라고 한 기록이 남아있다.

도 수정과 만들 재료를 채우지 못했다고 웬 난리였을까 싶지만, 조선시대만 해도 수정과는 궁중이나 지체 높은 양반집에서 새해가 시작되는 정월에나 맛볼 수 있었던 최고급 음료였고 평소에는 제사 때나 혹은 귀한 손님이 왔을 때 접대용으로 어렵게 내놓는 음료였다. 임금이 계절에 따라 마시는 궁중 음료 중에서도 여름에는 제호탕, 겨울에는 수정과를 음료수의 백미로 꼽았으니, 예전에

는 수정과가 제왕의 음료였던 것이다. 이랬던 토종 다래가 지금은 역수입된 키위에 밀려 잊혀진 과일, 추억의 열매가 됐으니 과일의 일생 또한 무상하다.

세
상
을
바
꾼
사
과
들

역사를 만든

사과

동화나 전설 속 이야기가 됐건 실제 역사 속 사실이건, 사과만큼 다양하
게 인류의 역사에 영향을 끼친 과일이 또 있을까? 역사를 만든 사과, 정
리해보면 이렇다.

◦ 구약성경 창세기에 나오는 선악과로서의 사과 : 뱀의 꼬임에 빠져 하나님

이 먹지 말라는 선악과를 먹고 최초의 인간 아담과 이브가 에덴동산에서 쫓겨났다. 성경 어디에도 선악과가 사과라고 구체적으로 명시해놓은 구절은 없지만, 그럼에도 사람들은 사과가 선악과라고 믿는다.

○ 기원전 12세기 트로이 전쟁의 원인이 된 사과 : 바다의 여신 테티스와 펠레우스의 결혼식에 초대받지 못한 불화의 여신 에리스가 세상에서 제일 예쁜 여신에게 주라며 황금 사과를 남겨두고 떠났다. 제우스의 아내이며 결혼의 여신 헤라와 미의 여신 아프로디테, 전쟁의 여신 아테네가 서로 다투자 트로이의 왕자 파리스가 아프로디테에게 황금 사과를 주었고, 그 대가로 아프로디테가 파리스에게 유부녀였던 스파르타의 왕비 헬레네의 사랑을 얻게 해주면서 트로이 전쟁이 일어났다.

○ 세상을 바꾼 뉴턴의 사과 : 17세기 영국의 과학자 아이작 뉴턴은 나무에서 떨어지는 사과를 보고 중력의 법칙을 알아냈다.

○ 세잔의 사과 : 폴 세잔은 모두 110점에 이르는 사과를 그렸다. 미술사에서는 흔히 세잔의 사과 그림이 계기가 돼 현대 미술이 시작됐다고 말한다. 사실적 느낌의 전달을 강조한 인상파 그림에서 분석을 통해 사물의 본질을 표현하는 큐비즘Cubism으로 넘어가는 전환점이 됐다는 것이다. 보통 피카소를 최초의 큐비즘 화가로 보지만 그 징검다리 역할을 한 것이 폴 세잔의 사과 정물이다.

○ 스피노자와 루터 킹의 사과 : "내일 지구의 종말이 오더라도 나는 오늘 한 그루 사과나무를 심겠다." 한국과 일본에서는 17세기 네덜란드의 철학자 스피노자, 미국과 유럽에서는 20세기 미국 목사 마틴 루터 킹이 한 말로 알려져 있다.

∘ **동화 속 사과** : 백설 공주는 독이 든 사과를 먹은 후 정신을 잃고 쓰러진다. 윌리엄 텔은 아들 머리 위에 사과를 올려놓고 화살을 쏘았다. 백설 공주나 윌리엄 텔 이야기는 모두 창작 동화가 아닌 유럽 설화를 바탕으로 쓰여진 작품이라는 점에서 사과의 상징성을 생각해 볼 수 있다.

∘ **컴퓨터의 상징물이 된 사과** : 많은 사람들이 한입 베어 먹은 사과 모양을 보고 애플사를 떠올리지만, 원래 이는 20세기 영국의 천재 수학자 앨런 튜링의 상징물이었다. 앨런 튜링은 2차 대전 중 현대 컴퓨터의 원형인 튜링 기계를 만들어 나치 독일의 암호체계 애니그마를 해독한 인물이다. 괴짜로 알려진 튜링은 1954년 청산가리 중독으로 사망했는데 그 옆에 반쯤 먹은 사과가 놓여있었다고 한다. 그래서 독이 든 사과를 먹고 자살했다는 소문이 퍼졌다.

사과,
선악과가 되다

이렇게 사과는 서양사에 빠지지 않고 등장하는 과일이다. 가장 큰 이유는 사과가 선악과로 상징되기 때문일 텐데, 그렇다면 성경 창세기에 나오는 선악과는 어떤 과일일까? 영어 성경에는 'Tree of Knowledge of Good and Evil', 한국어 성경에는 '선과 악을 구별하는 나무', 중국어 성경은 '선악수(善惡樹)'라고 나온다.

　사과라는 표현은 한 곳도 없음에도 사람들은 선악과를 사과라고 생각한다. 르네상스 이후 수많은 서양 그림에도 대부분 선악과는 사과처럼 그려져 있다. 남자의 튀어나온 목젖을 영어에서는 아담의 사과*Adam's Apple*라고 부르는데 이유는 아담이 선악과를 삼키다 목에 걸렸기 때문이라고 본다.

　사과를 선악과로 여기는 데는 여러 해석이 있지만 서양 과일 중에서 사과가 차지하는 위치, 그리고 애플이라는 이름의 유래와 언어학적 의미가 복합적으로 얽혀있다고 보는 견해가 지배적이다.

　일단 '선악과=사과'라는 잠재의식이 심어진 것은 성경의 라틴어 해석에서 비롯되었다. 로마제국에서는 서기 313년 밀라노 칙령으로 기독교가 공인됐고 성경은 405년 라틴어로 번역됐다. 히브리어로 된 성경을 라틴어로 번역할 때 선악과에서 선(善)을 뜻하는 단어는 라틴어로 보니*boni*, 악(惡)을 뜻하는 단어로 말루스*malus*를 썼는데, 이 단어가 갖는 이중적 의미 때문에 선악과가 사과라는 이미지가 굳어졌다는 것이다.

말루스에는 악*evil*이라는 뜻과 함께 사과 혹은 열매*apple* 그리고 돛*mast*라는 의미가 있다. 우리말 '배'가 과일 배와 타는 배, 사람 배의 의미가 있는 것과 마찬가지다. 따라서 라틴어로 선악을 구분하는 나무라고 했을 때, 추상적인 악의 나무라는 뜻보다는 구체적인 사과나무가 먼저 떠오르기에 선악과는 사과라는 이미지가 만들어졌다고 본다.

또 다른 풀이도 있다. 유럽 언어에서 사과라는 단어가 갖는 보편성 때문이라는 해석이다. 예를 들어 영어 애플은 구체적으로 사과를 뜻하기도 하지만 예전에는 보통 명사로서 과일을 의미하기도 했다. 그래서 외국에서 이름 모를 낯선 과일이 전해졌을 때 접미사로 애플을 붙여 부르곤 했다.

앞서 얘기한 바 있지만, 그 흔적 중 하나가 파인애플이다. 솔방울처럼 생겼기에 솔방울*pine* 열매*apple*라는 뜻에서 파인애플이 됐다. 오이는 'cucumber'라는 단어가 전해지기 전의 고대 영어에서, 땅에서 나는 열매라는 뜻에서 'earth apple'라고 불렀고, 멜론은 조롱박 열매라는 뜻에서 'gourd apple'였다.

프랑스어도 마찬가지다. 남미에서 전해진 낯선 과일 토마토는 사랑의 열매*pomme de amour*, 감자는 땅속 열매*pomme de Terre*라고 불렀다. 폼므*pomme*는 영어 애플과 마찬가지로 사과라는 뜻과 함께 열매라는 의미도 있다.

이렇게 옛날 대부분 유럽 언어는 낯선 과일, 부르기 애매한 열매는 모두 사과(열매)라고 했기 때문에 선악과 역시 자연스럽게 사과라는 이미지가 만들어졌다는 것이다.

이런 언어학적 이유에 더해서 르네상스 시대 화가들이 성경에는 표현되지 않은 선악과를 사과라는 실물로 구체화하면서 시각적으로도 금지된 과일 '선악과=사과'의 이미지가 굳어졌다고 해석한다.

한국사에서
사과가 보이지 않는 이유

사과는 우리한테도 매우 친숙한 과일이다. 그런데 생각해보면 조금 이상한 부분이 있다. 고대로부터 현대에 이르기까지 서양 역사에서는 사과 이야기가 많이 보인다. 하지만 동양에서는 다르다. 역사적으로 사과가 거의 보이지 않는다. 전래 동화나 신화에 감, 복숭아는 나와도 사과는 보이지 않는다.

제사상에도 사과를 빼놓지 않지만 사실 정확히 사과를 놓으라는 얘긴 아니다. 조율이시(棗栗梨柿), 즉 대추 밤 배 감의 순서로 진설하고 홍동백서(紅東白西), 붉은 과일은 동쪽 흰색 과일은 서쪽으로 놓으라고 했을 뿐, 대추 밤 배 감과는 달리 사과에 대해서는 확실하게 지적을 하지 않는다.

이유가 있다. 사과는 우리의 전통 과일, 나아가 동양 과일이 아니기 때문이다. 흔히 사과는 배와 함께 가장 익숙한 과일이기에 우리의 전통 과일이고 그래서 먼 옛날부터 조상님들이 사과를 먹었을 것으로 생각하지만 그렇지 않다.

지금과 같은 사과를 먹게 된 것은 조선 후기가 시작되는 병자호란 이후부터다. 박지원은 『열하일기』에서 우리나라에는 원래 사과가 없었는데 효종의 사위, 정재륜이 청나라에 사신으로 갔다가 사과를 가지에 접붙여 가져온 후 비로소 많이 퍼졌다고 했다.

정재륜은 1648년에 태어나 1723년에 사망한 효종의 부마였다. 효종의 넷째 딸 숙정공주와 결혼했지만 공주가 일찍 사망했다. 그리고 외아들마저 일찍 죽자 다시 장가를 들 것을 상소해 임금의 허락을 받았지만 대신들의 반대로 재혼에 실패했다. 이때부터 공주의 남편인 부마는 부인이 죽어도 다시 결혼할 수 없다는 법규가 생겼다.

다시 사과 이야기로 돌아와서 정재륜은 1670년(현종 11년), 1705년(숙종 31년), 그리고 1711년(숙종 37년) 사신으로 청나라에 다녀왔다. 그러니

* 박지원은 『열하일기』에서
효종의 사위 정재륜이 최초로
사과를 들여왔다고 소개하고 있다.

열하일기 표현대로라면 사과는 이 무렵에 들어왔을 것이다. 순조 때의 실학자 이규경도 『오주연문장전산고』에서 정재륜이 사과를 전파했다는 설을 재확인하고 있다. 그러면서 한 가지 사실을 덧붙여 적었다. 인조의 셋째 아들인 인평대군이 연경에 가서 종자를 가지고 돌아왔는데 그 이

후에 번식했다는 이야기도 있다는 기록을 남겼다. 인평대군은 1650년 이후 네 차례 사신으로 연경을 다녀왔다.

어느 쪽이 사실인지는 확실하지 않지만, 어쨌거나 사과가 우리나라에 전해진 것은 17세기 후반 이후라는 얘기다. 300~350년 남짓이다. 그러면 그 이전 우리 조상님들은 사과라는 과일을 아예 먹지 못했던 것일까?

지금과 같은 사과가 없었을 뿐 토종 사과가 있기는 했다. 우리는 물론 중국, 일본도 마찬가지다. 사과는 종류가 다양하다. 현재 알려진 사과 품종은 분류 방법에 따라 차이가 있지만 보통 700여 종, 많게는 2,500종으로까지 구분한다. 사과의 원형이 되는 야생 사과(학명 malus sieversii)는 중앙아시아, 터키 동부 지역이 원산지다. 여기서 다양한 종류의 사과가 생겨나는데 효종 때 전해졌다는 사과는 지금 먹는 사과의 조상으로, 흔히 재배종 사과(학명 malus domestica)라고 부르는 사과의 조상이다. 그리고 재배종 사과가 전해지기 전 우리 조상님들이 먹었던 사과는 능금(학명 malus asiatica nakai)과 옛날 사과(학명 malus pumila mill)다. 보통은 능금을 사과의 옛 이름 또는 사과의 사투리쯤으로 알고 있지만 학명에서 보는 것처럼 능금과 지금 사과는 종자가 다르다.

능금은 동북아시아 토종 과일로 옛날에는 우리나라에 능금이 많았던 모양이다. 고려 숙종 때인 1103년 사신으로 우리나라를 다녀간 송나라 손목이 쓴 『계림유사』에도 능금이 보인다.

과일이 흔치 않았고 품종이 개량되기 전의 고대에는 능금이 꽤 맛있는 열매였던 모양이다. 새들이 몰려 와 먹을 정도로 맛있다고 했다. 하지만 세월이 흘러 여러 종류의 과일이 나오면서 고려 때 이미 능금은 과일로서의 경쟁력을 잃었던 것 같다. 고려 시인 이규보가 『동국이상국집』에 시를 남겼는데 "능금이 구슬같이 주렁주렁 달렸는데(林檎綴珠琲) / 그 맛이 시고도 떫구나(頗覺味醶苦)"라고 읊었다.

고려 때 이미 경쟁력이 떨어졌으니 조선 후기 신품종 사과가 전해진 이후에는 완전히 별 볼일 없는 열매로 전락했다. 토종 과일 능금이 사라진 이유일 것이다.

능금과 함께 조상님들이 먹었다는 옛날 사과는 지금의 사과 품종에 이름을 넘겨주고 사라졌기에 옛날 사과라고 표기하는데 또 다른 이름은 내자(柰子)라고 한다. 옛날 사과 역시 능금과 마찬가지로 지금의 사과와는 종자가 다르다. 재배종 사과가 아시아에 전해지기 전까지 아시아에서 보편적으로 자랐던 사과다.

조선 후기 이규경은 『오주연문장전산고』에서 옛날 사과는 능금과 종류는 같지만 종자가 다르고, 열매도 능금과 비슷하지만 조금 더 크다고 설명했다. 효종 때 신품종 사과가 들어오면서 토종의 옛날 사과, 즉 내자도 능금처럼 바로 경쟁력을 잃었다. 지금 사과의 조상이 되는 새로운 사과가 그만큼 압도적으로 맛있었던 모양이다. 추사 김정희가 『완당집』에 지금의 사과를 얻고 기뻐하는 심정을 적었다.

"빈과(현재의 사과)는 부처님께 바치는 제물 중에서 그 이상 좋은 것이 없을 뿐더러 자연에서 자라는 신선의 과일이요, 군자의 담담한 향기와 같으니 모든 과일 중에서 이만한 과일이 없다. 지금 귀양을 와 있는 처지에 이런 과일을 얻었으니 하늘이 맛보라고 내려준 복이다"라며 감탄한다.

이렇게 사과는 조선 후기 우리나라에 들어와 토종 사과 대신 자리를 잡았고, 그 결과 감, 배와 함께 굳건한 전통 과일의 위상을 차지하게 된다.

이미지 출처

17쪽 위 •	*photo © 아사달 / 공유마당 / CC BY*
17쪽 아래 •	*photo © Rameez Sadikot / Flicker / CC BY-SA 2.0*
20쪽 •	그림 출처_공유마당 / *CC BY*
32쪽 위 •	*photo © 아사달 / 공유마당 / CC BY*
32쪽 아래 •	*photo © her9b / 공유마당 / CC BY*
34쪽 위 •	*photo © The Metropolitan Museum / Wikimedia Commons / CC0 1.0*
34쪽 아래 •	사진 출처_국립중앙박물관
38쪽 •	사진 출처_국립한글박물관
42쪽 •	그림 출처_고베시립미술관
46쪽 •	*photo © Museum Palazzo Venezia / Wikimedia Commons / CC BY-SA 4.0*
53쪽 •	*photo © Urbain J. Kinet / berkeley_geography / Flickr Commons*
60쪽 •	그림 출처_*Royal Collection Trust*
63쪽 •	그림 출처_*Collection Museum De Lakenhal, Leiden .*
64쪽 •	*photo © PaulT(Gunther Tschuch) / Wikimedia Commons / CC BY-SA 4.0*
68쪽 •	그림 출처_네덜란드 암스테르담 박물관
77쪽 위 •	*photo © John Rusk from Berkeley, CA, United States of America / Wikimedia Commons / CC BY-SA 2.0*
77쪽 아래 •	*photo © Superior National Forest / Wikimedia Commons / CC BY-SA 2.0*
88쪽 •	*photo © Viacheslav Galievskyi / Wikimedia Commons / CC BY-SA 4.0*
90쪽 위 •	사진 출처_한국교육방송공사 / *CC BY*

History through fruits

과일로 읽는 세계사

1판 1쇄 인쇄	2021년 11월 10일
1판 1쇄 발행	2021년 11월 15일

지은이	윤덕노

발행인	황민호
본부장	박정훈
책임편집	김순란
기획편집	강경양 한지은 김사라
마케팅	조안나 이유진 이나경
국제판권	이주은
제작	심상운

발행처	대원씨아이㈜
주소	서울특별시 용산구 한강대로15길 9-12
전화	(02)2071-2017
팩스	(02)749-2105
등록	제3-563호
등록일자	1992년 5월 11일
ISBN	979-11-362-9070-0 03900